蓟县地质资料二次开发成果图集

编辑委员会

主　任　张云霞
副主任　王家兵　杨书畅　王福江
主　编　马广杰
副主编　董卫宏　杨书畅
编制组　张逐月　赵　萌　董志华　胡海博　杨圣坤　肖　艺
　　　　马青云　郭淑娟　张亚娜　卢煜文　王丽瑛　张　昕

组织单位　天津市国土资源和房屋管理局
编制单位　天津市地质调查研究院

图书在版编目(CIP)数据

蓟县地质资料二次开发成果图集/马广杰编著. —武汉:中国地质大学出版社,2016.7

ISBN 978-7-5625-3260-6

Ⅰ.①蓟…

Ⅱ.①马…

Ⅲ.①地质-档案资料-蓟县-图集

Ⅳ.①G275.3-64

中国版本图书馆CIP数据核字(2016)第170572号

蓟县地质资料二次开发成果图集		马广杰 编著
责任编辑:王凤林 王 敏		责任校对:张咏梅
出版发行:中国地质大学出版社(武汉市洪山区鲁磨路388号)		邮政编码:430074
电 话:(027)67883511	传 真:67883580	E-mail:cbb@cug.edu.cn
经 销:全国新华书店		http://www.cugp.cug.edu.cn
开本:880毫米×1 230毫米 1/8		字数:365千字 印张:14.5
版次:2016年7月第1版		印次:2016年7月第1次印刷
印刷:湖北睿智印务有限公司		印数:1—500册
ISBN 978-7-5625-3260-6		定价:168.00元

如有印装质量问题请与印刷厂联系调换

前　言

地质资料是地质工作形成的重要知识性财富，是地质工作者辛勤劳动和智慧的结晶，具有可重复利用、不断开发、长期服务于经济建设的重要属性。2006年《国务院关于加强地质工作的决定》中将"推进地质资料开发利用"确定为我国新时期地质工作主要任务之一，《地质资料管理条例》（国务院令349号）和《加强地质资料社会化服务的若干规定》（国土资发〔2005〕215号）均强调要加强地质资料的公开利用。

蓟县作为天津市唯一的山区，是天津市开展地质工作最早的地区，历年来积累了大量的地质资料。从20世纪30年代起，老一代地质学家就对蓟县中上元古界和盘山岩体进行地质调查。中华人民共和国成立后，随着大规模的国民经济建设的进程，蓟县地质工作也取得了长足的进展。60多年来，地矿、煤炭、建材、冶金等部门以及黄金部队、大专院校和科研院所在该地区进行了大量的地质调查、矿产勘查和水文地质、环境地质等生产和科研工作，在基础地质、矿产地质、环境地质、地质灾害防治等方面取得大量的成果。中上元古界剖面研究工作逐年深入，1984年被列为国家级自然保护区，2003年建成包括中上元古界剖面在内的蓟县国家地质公园。

为推进地质成果的社会化利用，加大地质工作对蓟县开发建设的服务力度，为蓟县的开发建设者深入了解蓟县的地质条件、重大工程建设选址、合理利用矿产资源等提供地质资料信息支撑，2011年天津市国土资源和房屋管理局组织实施"蓟县地质综合信息系统建设"项目，其中，编制《蓟县地质资料二次开发成果图集》（以下简称《成果图集》）是该项目的一项重要工作。通过该《成果图集》向社会推介几十年来在蓟县开展地质工作取得的成果，提高了社会公众对地质工作的关注，引导和鼓励有关各方在蓟县开发建设中充分利用地质成果，发挥地质资料的作用。

《成果图集》由序图篇和5个专业图组组成。其中，序图篇包括：天津市域图、蓟县地貌图和蓟县行政区划图，通过这一组图件，使读者对蓟县有一个概要的了解；专业图组以满足用户需求、方便用户使用为出发点，分为5个篇章，分别为基础地质篇、矿产资源篇、地质环境篇、地质遗迹篇和专业成果篇。其中，地质环境篇包括矿山环境地质专题图件和地质灾害专题图件，地质遗迹篇包括地质公园及八大景区专题图件，专业成果篇包括水文地质专题图件、工程地质专题图件和物探化探遥感专题图件。

《成果图集》的编制，是加强地质资料社会化服务的一项重要工作，也是推进地质资料信息集群化和产业化的有益尝试，希望《成果图集》成为一本融专业性和实用性为一体的地质科技工具书，为蓟县的国土资源管理和地质科学研究等工作提供参考。

《成果图集》的编研工作由天津市地质调查研究院承担，在《成果图集》的编制过程中，天津市国土资源和房屋管理局各级领导以及天津市地质矿产勘查开发局、天津市地热勘查开发设计院、天津市地质工程勘察院、天津市蓟县中上元古界国家自然保护区管理处、蓟县国土资源分局等单位的领导和技术人员均给予大力支持和热情帮助，并提出了宝贵的意见和建议，在此一并表示诚挚的感谢。由于编者水平有限，《成果图集》中尚有不足之处，我们热忱欢迎社会各界提出宝贵意见。

《成果图集》编辑委员会

2013年12月

目 录

Contents

1 序图篇
- 1.1 天津市概况 …………………………………………………………………………………… (2)
- 1.2 蓟县概况 ……………………………………………………………………………………… (4)
- 1.3 蓟县行政区划 ………………………………………………………………………………… (6)

2 基础地质篇
- 2.1 基础地质专题 ………………………………………………………………………………… (10)
  - 2.1.1 蓟县以往基础地质工作简介 …………………………………………………………… (10)
  - 2.1.2 天津市地质构造单元分区图 …………………………………………………………… (11)
  - 2.1.3 前第四纪基岩地质图 …………………………………………………………………… (13)
  - 2.1.4 蓟县平原区第四纪地质图 ……………………………………………………………… (18)
- 2.2 蓟县剖面专题 ………………………………………………………………………………… (20)
  - 2.2.1 中元古代长城纪地层 …………………………………………………………………… (20)
  - 2.2.2 中元古代蓟县纪地层 …………………………………………………………………… (22)
  - 2.2.3 中元古代待建纪地层 …………………………………………………………………… (26)
  - 2.2.4 新元古代青白口纪地层 ………………………………………………………………… (26)

3 矿产资源篇
- 3.1 蓟县矿产地质概况 …………………………………………………………………………… (28)
- 3.2 蓟县能源矿产分布图 ………………………………………………………………………… (29)
- 3.3 蓟县金属矿产分布图 ………………………………………………………………………… (30)
- 3.4 蓟县非金属矿产分布图 ……………………………………………………………………… (32)
- 3.5 蓟县矿泉水分布图 …………………………………………………………………………… (34)
- 3.6 蓟县矿产资源开发利用现状图 ……………………………………………………………… (36)

4 地质环境篇
- 4.1 矿山地质环境专题 …………………………………………………………………………… (40)
  - 4.1.1 蓟县矿山分布现状图 …………………………………………………………………… (40)
  - 4.1.2 蓟县矿山地质环境现状图 ……………………………………………………………… (42)
  - 4.1.3 蓟县矿山地质环境综合评估分区图 …………………………………………………… (44)

  4.1.4 蓟县矿山地质环境保护与整治分区图 ……………………………………………………(46)
 4.2 地质灾害专题 ………………………………………………………………………………(48)
  4.2.1 蓟县地质灾害情况简介 ……………………………………………………………(48)
  4.2.2 蓟县地质灾害分布图 ………………………………………………………………(48)
  4.2.3 蓟县地质灾害易发区划图 …………………………………………………………(51)
  4.2.4 蓟县地质灾害危险区划图 …………………………………………………………(53)
  4.2.5 蓟县地质灾害防治分区图 …………………………………………………………(55)

5 地质遗迹篇

 5.1 地质公园工作情况简介 ……………………………………………………………………(58)
 5.2 蓟县国家地质公园 …………………………………………………………………………(59)
 5.3 蓟县中上元古界国家自然保护区 …………………………………………………………(61)
 5.4 盘山花岗岩地貌景区 ………………………………………………………………………(63)
 5.5 九山顶石英砂岩峰林景区 …………………………………………………………………(65)
 5.6 梨木台石英砂岩峰林峡谷景区 ……………………………………………………………(67)
 5.7 八仙山石英砂岩峰林峡谷景区 ……………………………………………………………(69)
 5.8 黄崖关断崖地貌景区 ………………………………………………………………………(70)
 5.9 九龙山碳酸盐岩峰丛景区 …………………………………………………………………(71)
 5.10 府君山地质构造遗迹景区 ………………………………………………………………(72)

6 专业成果篇

 6.1 水文地质专题 ………………………………………………………………………………(74)
  6.1.1 蓟县机井分布图 ……………………………………………………………………(74)
  6.1.2 蓟县地下水监测点分布图 …………………………………………………………(75)
  6.1.3 蓟县平原区第Ⅰ含水组地下水位埋深及等水位线图 ……………………………(76)
  6.1.4 蓟县平原区第Ⅱ含水组地下水位埋深及等水位线图 ……………………………(77)
  6.1.5 蓟县平原区第Ⅰ含水组水文地质图 ………………………………………………(78)
  6.1.6 蓟县平原区第Ⅱ含水组水文地质图 ………………………………………………(80)
  6.1.7 蓟县岩溶水文地质图 ………………………………………………………………(81)
  6.1.8 蓟县水文地质剖面图 ………………………………………………………………(83)
  6.1.9 蓟县地下水资源分布图 ……………………………………………………………(85)
  6.1.10 蓟县地下水资源开发区划建议图 ………………………………………………(87)
 6.2 工程地质专题 ………………………………………………………………………………(89)
  6.2.1 蓟县环境工程地质图 ………………………………………………………………(89)
  6.2.2 蓟县场地类别分区图 ………………………………………………………………(92)
  6.2.3 蓟县场地工程建设适宜性分区图 …………………………………………………(94)
 6.3 物探化探专题 ………………………………………………………………………………(96)
  6.3.1 蓟县土壤类型图 ……………………………………………………………………(96)
  6.3.2 蓟县浅层土壤地球化学综合异常图 ………………………………………………(98)
  6.3.3 蓟县深层土壤地球化学综合异常图 ………………………………………………(100)
  6.3.4 蓟县土壤地球化学分区图 …………………………………………………………(102)
 6.4 蓟县剖面研究程度和重要成果 ……………………………………………………………(104)

主要参考文献

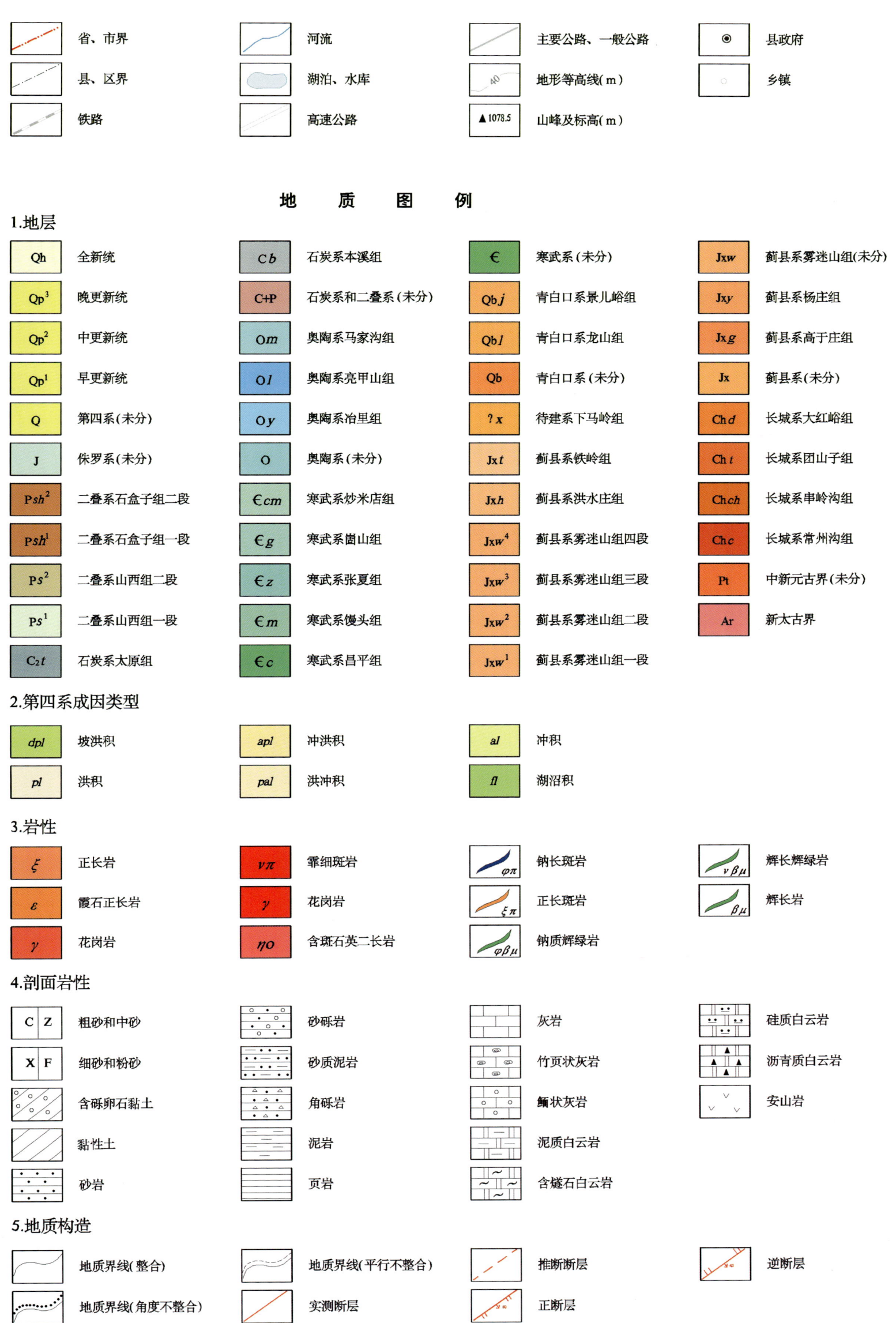

1 序图篇

1.1 天津市概况

天津市是中国4个直辖市之一，中国北方的经济中心，国际港口城市，生态城市。天津市位于环渤海经济圈的中心，是中国北方最大的沿海开放城市、近代工业的发源地、近代最早对外开放的沿海城市、我国北方的海运与工业中心。天津市辖13个区、3个县，截至2011年，天津市常住人口为1 354.58万人。

天津市地处华北平原东北部，环渤海的中心，东临渤海，北依燕山。北起蓟县黄崖关，南至大港区翟庄子沧浪渠，南北长189km；东起滨海新区汉沽洒金坨以东陡河西干渠，西至静海县子牙河王进庄以西滩德干渠，东西宽117km。天津市面积11 916.85km²，其中区域周长约1 290.8km，海岸线长153km，陆界长1 137.48km。天津市中心距北京137km，是首都北京的门户。

天津市地理区位优势明显，地处中国北方黄金海岸的中部，不仅毗邻首都，还是华北、西北广大地区的出海口，是中国北方对内、外开放两个扇面的轴心，是亚欧大陆桥中国境内距离最短的东部起点。天津港是中国北方最大的综合性贸易港口，拥有全国最大的集装箱码头，与世界上170多个国家和地区的300多个港口保持着贸易往来。天津滨海国际机场有多条国际国内航线，是华北地区最大的货运中心。天津铁路枢纽是京山、京沪两大铁路干线的交会处。天津公路四通八达，交通基础设施建设有了长足发展。目前，天津已形成以港口为中心的海陆空相结合、立体式的综合性的现代化运输网络。

天津市北部山区面积755km²，南部平原面积11 164.7km²。地貌主要有山地、丘陵、平原、洼地、滩涂等。地貌特征是从蓟县北部山区向南部平原逐级下降；西面从武清区永定河冲积扇尾部向东缓缓倾斜；南面从静海县南运河大堤向海河河口渐渐降低，形成北高南低、西高东低的形态。最高处为蓟县九山顶，海拔1078.5m，最低处为塘沽区大沽口，海拔为零。

天津市位于中纬度欧亚大陆东岸，主要受季风环流的支配，是东亚季风盛行的地区，属暖温带半湿润大陆与海洋过渡型季风气候。主要气候特征是：四季分明，春季多风，干旱少雨；夏季炎热，雨水集中；秋季气爽，冷暖适中；冬季寒冷，干燥少雪。天津年平均气温在11.4~12.9℃，1月最冷，平均气温在－3~－5℃；7月最热，平均气温在26~27℃。天津季风盛行，冬、春季风速最大，夏、秋季风速最小。年平均风速为2~4m/s，多为西南风。天津平均无霜期为196~246天，最长无霜期为267天，最短无霜期为171天。天津多年平均降水量为520~660mm，降水日数为63~70天。多年平均水面蒸发量为1187~2102mm。天津日照时间较长，年日照时数为2500~2900h。

天津市地处海河流域下游，素有九河下梢之称，主要有两大水系：海河水系由北运河、永定河、大清河、子牙河、南运河五大支流组成；蓟运河水系由潮白河、州河、还乡河、蓟运河等支流组成。两大水系均在天津市东部入海。流经境内的以抗洪为主的一级河道19条，总长度为1 095.1km。还有子牙新河、独流减河、马厂减河、永定新河、潮白新河、还乡新河6条人工河道，总长度为284.1km。以排涝为主的二级河道79条，总长度为1 363.4km。深渠1061条，总长度为4578km。境内洼淀众多，较大的有15个，总面积约334万亩（1亩≈667m²）。大中型水库近百座，总库容29.7×10⁸m³，其中大型水库有于桥水库、北大港水库、团泊洼水库等。

天津市海岸线位于渤海西部海域，南起歧口，北至涧河口，长达153km。海洋资源突出表现为滩涂资源、海洋生物资源、海水资源、海洋油气资源。滩涂面积约370km²，正在开发利用。海洋生物资源，主要是浮游生物、游泳生物、底栖生物和潮间带生物。海水成盐量高，自古以来就是著名的盐产地，拥有我国最大的盐场。海洋油气资源丰富，已发现45个含油构造，储量十分可观。

1 序图篇

审图号：津S(2016)002

天津市域图

1.2 蓟县概况

蓟县位于天津最北部，行政区范围坐标位置为：东经117°08′—117°47′，北纬39°40′—40°15′，面积为1590.22km²。北部、东部与河北省兴隆县、遵化市、玉田县相邻，西部与北京市平谷区和河北省三河市交界，南与天津市宝坻区相接。蓟县南距天津市区120km，西距北京市区90km，东距唐山市区120km，北距承德市区180km。京山铁路横穿南部，津蓟铁路直达蓟县县城。公路四通八达，主要有天津—蓟县、蓟县—兴隆、蓟县—遵化、北京—蓟县等干线，高速公路主要有天津—蓟县高速、蓟县—平谷高速，简易公路可达各乡镇。

蓟县地处燕山南麓与华北平原的交接地带，地貌景观比较复杂，同时具有山地和平原两大地貌单元的特征，分属构造侵蚀中低山、侵蚀剥蚀低山丘陵、剥蚀侵蚀丘陵、山间盆地以及山前倾斜平原等次一级地貌分区。北部为中低山丘陵和山间盆地，面积为840.30km²，南部为平原和洼地，面积749.92km²。在山区，由田家峪—罗庄子—小港一线以北，一般海拔高程大于500m，属低山地貌，与河北省兴隆县交界处山势巍峨陡峭，海拔大于800m，最高点在九山顶，其主峰海拔1078.5m，其次为八仙桌子峰，海拔1052m，本区坡度较大。由田家峪—罗庄子—小港一线以南，一般海拔高程小于500m，属丘陵地貌。马伸桥至西龙虎峪一带四周被群山环绕为山间盆地，平均海拔20～50m，地势向南西微倾，由淋河、沙河、黎河冲淤而成，其间残留一些海拔小于100m的孤丘。山区南部为山前冲洪积平原，是山区与平原的过渡地带，也是沟河与州河水系的出口，地势北高南低，平均海拔5～15m，向南为冲积平原和洼淀区，海拔2～10m，最低点在马槽洼，海拔1.8m。

蓟县境内主要有两大水系：沟河和州河水系，全县有中小河流17条。沟河发源于兴隆县大青山，从黄崖关流入蓟县，流域面积507km²，年径流量$0.397×10^8 m^3$，集水面积322km²，径流量极不稳定，季节性变化较大，受降水量直接控制。州河是区内最大的水系，它的上游为淋河、沙河和黎河，流域面积为2060km²。引滦入津工程竣工后，又将滦河水系调入，经于桥水库的调节向天津市输送，州河水量受于桥水库的控制。

蓟县属暖温带大陆性季风气候，冬季干旱，春秋少雨，夏季炎热多雨，四季分明。降水分布极不平衡，据蓟县气象站统计，多年平均降水量(40年)为733.4mm，最大年降雨量发生在1978年，为1216.6mm，最小年降雨量发生在1999年，为344.2mm。多年平均气温11.6℃，最高气温达41℃(在1961年6月)，最低气温-20℃(在1972年1月)，全年无霜期181天。土壤冻结期124天，最大冻结深度57cm。

蓟县，是国务院确定的全国首批沿海对外开放县，亦是全国首家绿色产品示范区和全国山区综合开发示范县。全县26个乡镇，1个街道办事处，949个行政村。2011年全县生产总值250.11亿元，县级一般预算收入15.45亿元，县级一般预算财政支出28.79亿元，常住人口85.53万人，农业人口69.22万人，有33个民族，林木覆盖率44.20%。蓟县农作物以小麦、玉米为主，经济作物主要是棉花。山区盛产水果，以核桃、栗子、红果、柿子、苹果、梨为主。

蓟县，为天津市的"后花园"，拥有得天独厚的绿色休闲旅游、历史文化旅游、红色教育旅游等资源，成为人们旅游观光、休闲度假的理想之地。蓟县是天津历史文化名城，现有世界文化遗产1处，国家级文物保护单位2处，市级文物保护单位15处，县级文物保护单位37处，文物保护点325处，国家级风景名胜区、自然保护区5处，世界吉尼斯纪录大全景观2处。众多的文化与自然遗产，为蓟县增添了无穷的魅力。

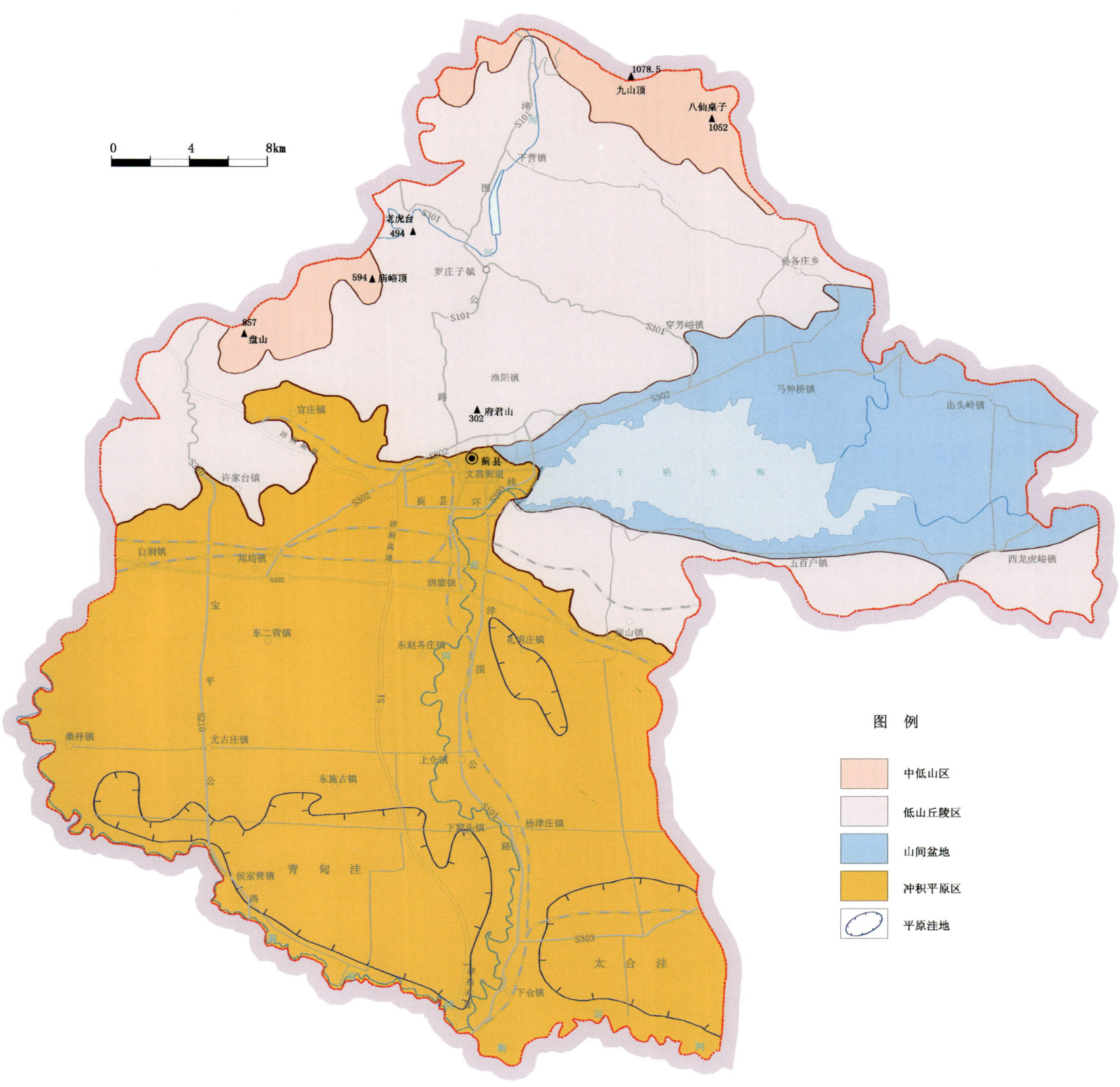

蓟县地貌图

1.3 蓟县行政区划

蓟县全县有 26 个乡镇，1 个街道办事处，949 个行政村。

文昌街道位于天津蓟县，下辖 26 个居委会。

渔阳镇，2008 年前称作城关镇，历史悠久，有"蓟县第一镇"之称。该镇有山有水有平原，资源丰富，环境优美，风光秀丽。全镇总面积 77 km^2，辖 70 个行政村，农业总人口 5.2 万人。

下营镇，历史悠久，建镇约有 1500 年，原名"黄崖营"。蓟县的长城均位于该镇境内，全长 41 km，为燕长城之中部。

罗庄子镇，地处北部深山区，距县城 15 km，镇域面积 99 km^2，辖 25 个行政村，人口 1.2 万人。全镇有耕地 8233 亩。

官庄镇，位于县城西部，距县城 12 km，面积 96 km^2，辖 34 个行政村，人口 3.1 万人。著名的盘山风景名胜区就坐落于该镇境内。建筑材料和麦饭石储量可观，生物资源、地表水与地下水资源丰富，水质好。

许家台镇，全镇总人口 1 万人。

白涧镇，是蓟县的西大门，毗邻河北省三河市，全镇面积 50 km^2，辖 19 个村，总人口 1.9 万人。北部为山区，南部为平原。镇内交通便利，农业经济发达，拥有各种名贵苗木花卉，品种齐全。

邦均镇，位于蓟县西部盘山南麓，交通便利。历史悠久，所辖区域内有众多古迹。有"京东第一镇"之美称。2001 年，邦均镇与李庄子乡合并，现辖 43 个行政村，总面积 34.73 km^2。耕地总面积 27 237.1 亩。

泗溜镇，位于蓟县城南 6 km，全镇共有 33 个行政村，总占地面积 29 km^2，5796 户，总人口 2.3 万人。全镇实有耕地面积 22 758 亩。泗溜镇地处蓟县县城南大门。

别山镇，位于县城东南 15 km，因北靠别山而得名。镇域面积 51 km^2。36 个行政村。全境南部平原，北部山区，西邻盘山电厂，下辖 44 个行政村。

五百户镇，距县城 9.9 km，南与天津市武清区毗邻。面积 61.46 km^2，耕地 60 000 亩。辖 43 个行政村，镇政府驻五百户村。

西龙虎峪镇，位于于桥水库东岸，全镇总面积 45 km^2，总人口 2.4 万人，辖 16 个行政村。镇内主要经济作物有小麦、玉米、花生、酿酒葡萄；果品盛产苹果、柿子、桃、板栗、核桃。

出头岭镇，位于蓟县最东部，素有蓟县东大门之称，毗邻河北省遵化市，镇域面积 58.6 km^2，辖 36 个行政村，人口 3.6 万人，交通便利，自然条件和生态环境优越，物产资源丰富，土地类型多样。

马伸桥镇，蓟县苹果主要产地，1995 年建镇。位于县境东部，距县城 16 km，面积 30 km^2，人口 2.3 万。邦喜公路横贯东西。辖 26 个行政村。

孙各庄满族乡，位于蓟县城东北 25 km，面积 26 km^2，少数民族人口占乡总人口的 33.7%。孙各庄乡始建于 1953 年，1985 年为落实民族政策，经市政府批准，恢复了孙各庄满族乡。

穿芳峪镇，位于蓟县城东郊，距蓟县 15 km，面积 52.2 km^2。下辖 26 个行政村。

桑梓镇，地处蓟县县城西南端、沟河东岸，与河北省三河市隔沟河相望。距蓟县县城 30 km，总面积 60 km^2，具备良好的土地资源优势和良好的种植养殖传统，是一个典型的农业平原乡镇。

东二营镇，县城西南部约 20 km 处，面积 29.42 km^2，2.1 万人，全镇共有耕地 26 200 亩，下辖 31 个村委会。

东赵各庄镇，坐落在蓟县南部，津蓟高速公路横贯全镇。全镇有 31 个行政村，面积 29.42 km^2，2.1 万人，全镇共有耕地 26 200 亩。

礼明庄镇，距县城 10 km，全乡面积 35 km^2。下辖 37 个村委会和蓟县经济开发区管委会。

尤古庄镇，总人口 1.7 万人，有 29 个自然行政村，耕地 34 800 余亩。是农业发展的重镇，主要农产品有小麦和玉米。下辖 44 个村委会。

东施古镇，位于县城西南，青甸洼东部，镇政府驻地东施古村，距县城 25 km。交通便利，是蓟县最重要的渔、肉、蛋、菜和优质粮食生产基地。东施古镇辖区面积 27.36 km^2，属典型平原镇。

上仓镇，位于蓟县中南部，津围公路、津蓟铁路贯穿全镜，地理位置优越，交通便利，土质肥沃。全镇有土地 21 000 亩，22 个行政村，2.1 万人。

杨津庄镇，位于蓟县城南 22 km，辖区面积 65 km^2，共有 52 个行政村，3.4 万人，55 873 亩耕地。下辖 52 个村委会。

下窝头镇，面积 44.79km²，下辖 29 个村委会。

侯家营镇，位于蓟县西南 35km 处，辖 43 个行政村，面积 55.58km²。2001 年撤乡并镇将三岔口乡并入侯家营镇。地处青甸洼西部，大部分是平原，地势西高东低。

下仓镇，地处蓟县最南端，距县城 30km。该镇辖 67 个行政村，4.7 万人，总面积 71.5km²，土地资源丰富，地下水资源丰富。2001 年 10 月，下仓乡东南部的蒙瞿乡划归下仓镇，统一称下仓镇。

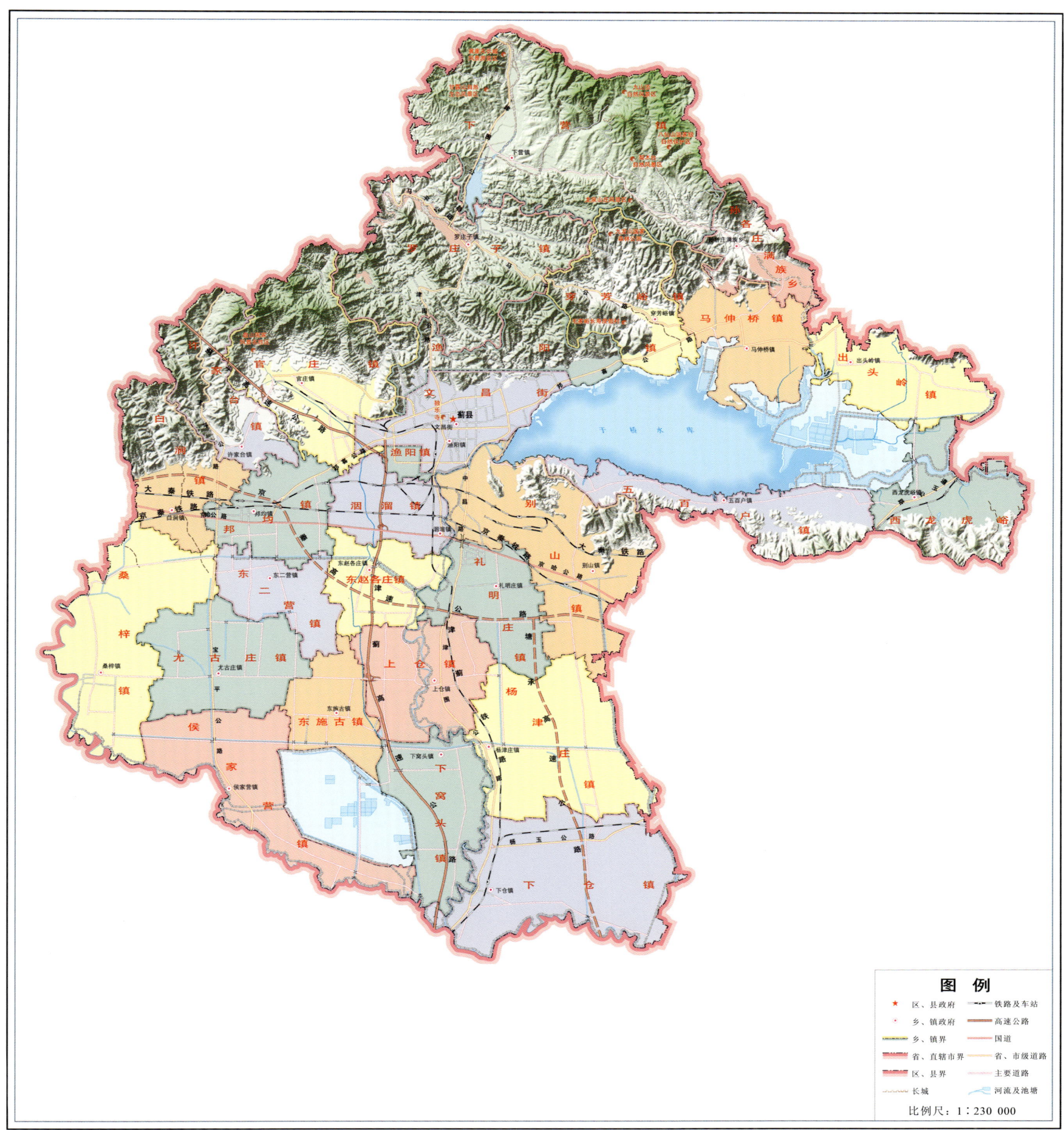

本图不作为行政划分依据

审图号：津S(2016)002

蓟县行政区划图

2 基础地质篇

2.1 基础地质专题

2.1.1 蓟县以往基础地质工作简介

20世纪50年代天津市完成了1∶100万张家口幅区域地质调查,60年代完成了宝坻以北1∶20万区域地质调查,1963—1964年天津地质矿产研究所系统地作了岩石地层学、古生物地层学、同位素地质年代学和地球化学的研究,1964—1965年河北区调队进行了兴隆幅、宝坻幅1∶20万区域地质调查工作,"七五"至"九五"期间完成了蓟县山区、浅覆盖区1∶5万图幅的区域地质调查,2000年进行了1∶25万承德市幅区域地质调查工作,2006年进行了1∶25万天津市幅区域地质调查(修测)工作。

1. 1∶100万区域地质调查

河北省区测队(1957—1959)开展了1∶100万张家口幅(K-50)区测工作,对地层、构造及岩浆岩进行了划分和论述。填图工作满足了1∶100万区调规范要求,图面结构合理。

2. 1∶25万区域地质调查

河北省区域地质矿产调查研究所(1996—2000)开展了包括蓟县北部山区在内的1∶25万承德市幅(K50C004003)区域地质调查工作,以现代变质变形理论为指导,对前寒武纪地质体划分了岩石性填图单位,并进行了原岩建造恢复,基本查明了本区岩石地层格架,查明并进一步总结了本区侵入岩岩石谱系单位,发现或厘定了4个不整合界面。

天津市地质调查研究院联合河北省地质调查院(2003—2005)开展了包括蓟县南部平原区在内的1∶25万天津市幅(J50C001003)区域地质修测工作,全面收集了以往的地质、物探等资料,利用地质、遥感、钻探等手段,采用层序地层和多重地层划分方法,对全区地层(包括第四系)、岩浆岩、变质岩分布和构造特征及矿产分布进行了重新修测和厘定,满足精度要求。

天津市地质调查研究院(2005—2009)开展"天津城市地质调查项目"的《天津市松散沉积层地质结构调查》和《天津市基岩地质调查成果报告》中,采用遥感、地面调查、钻探、试验、测试等综合勘查技术和方法,开展城市地下松散沉积层地质结构调查,查明地下松散沉积层地质结构特征;采用地球物理勘查技术和方法,运用现代技术和方法对已往地球物理勘查资料进行再次解释,开展城市地下基岩地质调查,查明地下基岩地质结构及区域断裂构造特征,为水工环调查和评价提供基础资料,为天津城市规划、建设和管理提供了基础数据和科学决策依据。

3. 1∶20万区域地质调查

河北省区测队(1964—1966)开展了1∶20万兴隆幅(K-50-XXXIV)、宝坻幅(北部)(J-50-IV)区域测量工作,基本查明了区内的地层层序、岩浆岩分布及构造特征。由于成图采用了编测结合的方式,精度受到了一定的影响。

4. 1∶5万区域地质调查

(1)天津市地质调查研究队(1986—1990)在蓟县北部山区开展了1∶5万区域地质调查(包括蓟县幅、马伸桥幅全幅及平谷县幅、平安城幅、三河县幅、上仓镇幅、彩亭桥幅、沙流河幅的部分图幅),通过地质、物探、地球化学、遥感和重砂等方法,查明了区内地层、岩浆岩分布、构造特征和矿产分布特征。填图精度及图面表示精度等均符合1∶5万规范要求。

(2)20世纪90年代开展了包括上仓镇、宝坻县幅等1∶5万区域地质调查工作,部分图幅运用新理论采用地质、遥感、钻探、综合物探等综合工作方法,填图精度及图面表示精度等均符合1∶5万规范要求,图面结构合理。

2.1.2 天津市地质构造单元分区图

因天津市域面积较小并处在一级构造单元内,所以只进行二级以下构造单元的划分。根据地质历史发展的主要构造特点,如基底表面的隆起和坳陷,沉积盖层的时代和特征(相、建造、厚度级分布),盖层经历的构造运动和时代,以及岩浆活动级成矿特征等方面的差异,可将本市划分为 2 个 II 级,含 4 个 III 级构造单元,可再分为 16 个 IV 级单元。对个别的 IV 级单元如武清凹陷,根据构造形态,中生界、古近系、新近系的分布和厚度进一步作了 V 级单元的划分。各级构造单元名称,二级构造单元及燕山台褶带三、四级构造单元名称采用《河北省北京市天津市区域地质志》命名方案,华北断坳各级构造单元的名称则基本沿用了天津以往的习惯用法。

天津市地质构造单元划分如下表。

天津市地质构造单元划分表

一级	二级	三级	四级	五级
华北准地台（I）	燕山台褶带（II$_1$）	马兰峪复式背斜（III$_1$）	蓟县凹褶束（IV$_1$）	
			开滦台凹（IV$_2$）	宝坻突起（V$_1$）
				鸭洪桥洼槽（V$_2$）
	华北断坳（II$_2$）	冀中坳陷（III$_2$）	大厂凹陷（IV$_3$）	
			武清凹陷（IV$_4$）	杨村斜坡（V$_3$）
				大孟庄洼槽（V$_4$）
				孙校庄洼槽（V$_5$）
				大口屯洼槽（V$_6$）
				下伍旗洼槽（V$_7$）
			廊坊凹陷（IV$_5$）	
		沧县隆起（III$_3$）	王草庄凸起（IV$_6$）	
			潘庄凸起（IV$_7$）	
			双窑凸起（IV$_8$）	
			大城凸起（IV$_9$）	
			白塘口凹陷（IV$_{10}$）	
			小韩庄凸起（IV$_{11}$）	
		黄骅坳陷（III$_4$）	宁河凸起（IV$_{12}$）	
			北塘凹陷（IV$_{13}$）	
			板桥凹陷（IV$_{14}$）	
			港西凸起（IV$_{15}$）	
			歧口凹陷（IV$_{16}$）	

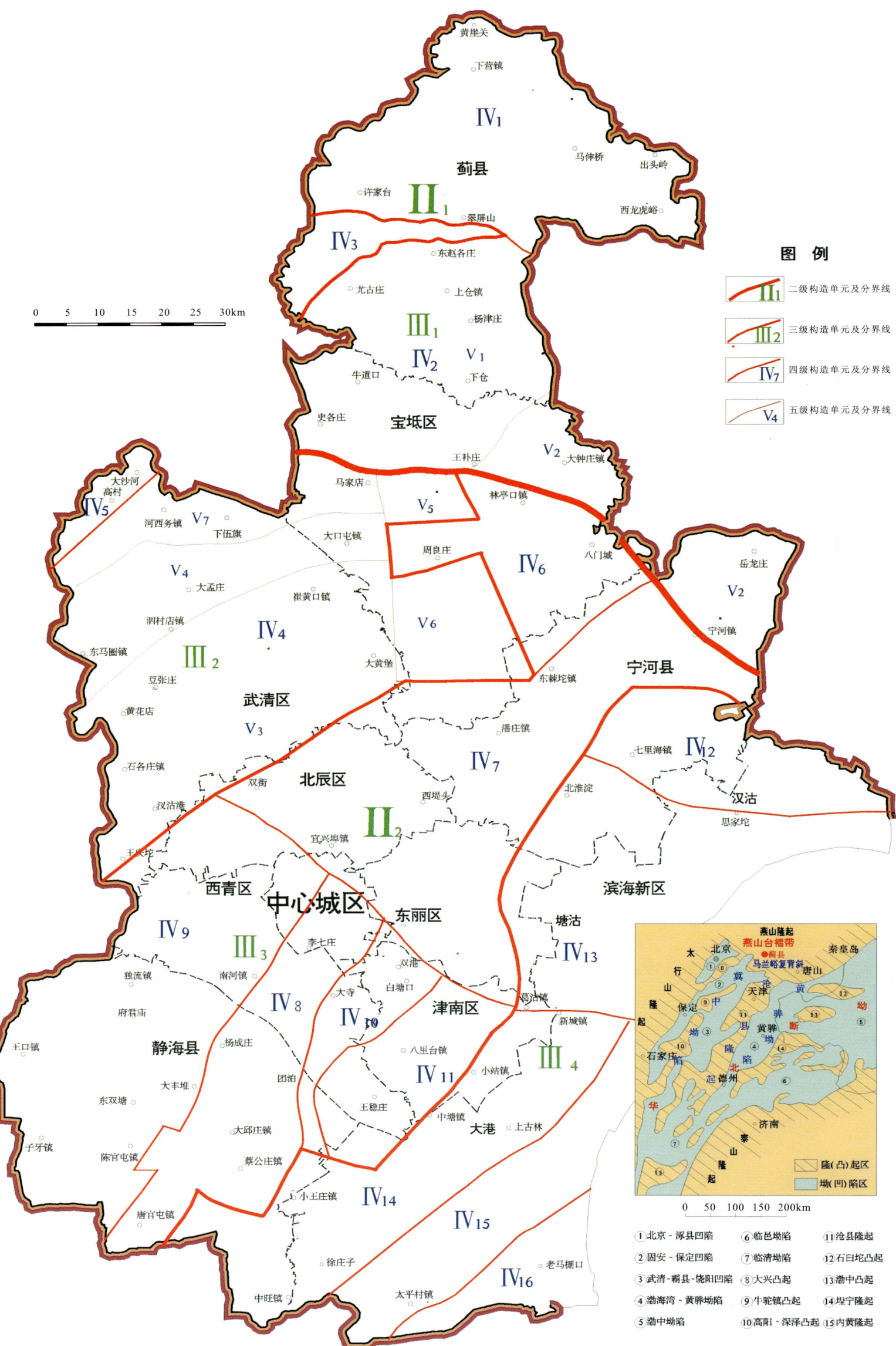

天津市地质构造单元分区图

2.1.3 前第四纪基岩地质图

本图主要反映前新生代基岩地层的分布、地质构造、基岩顶面埋藏深度（即新生界厚度）。出露的基岩地层有太古宇、中-新元古界和古生界，主要分布在蓟县北部山区，其中中新元古界分布面积最大。南部平原新生代沉积层之下埋藏的基岩地层除缺失上奥陶统至下石炭统外，其余地层都有分布。

1. 地层

现列表说明基岩地层层序及其主要岩性特征（下表）。

本区自下而上发育太古宙、中-新元古代、古生代寒武纪—奥陶纪、石炭纪—二叠纪、中生代侏罗纪地层。

太古宙地层主要分布在蓟县东北部边缘，为冀东古陆核的西缘，主要为一套高级变质岩系，岩性以角闪斜长片麻岩为主。

中-新元古代地层最大沉积厚度近万米，出露于北部山区，并向南延伸到平原之下的广阔地带，是本区分布最广的地层单元。

寒武纪—奥陶纪地层仅在蓟县少量出露地表，主要分布在本区南部平原之下，下仓向斜的西北翼，为一套滨海-浅海相以灰岩为主的沉积建造。

石炭纪—二叠纪地层仅分布于本区南部边缘平原之下下仓向斜的核部，与下伏奥陶纪马家沟组平行不整合接触，其间缺失晚奥陶世至早石炭世的沉积，顶部被第四纪地层覆盖。

侏罗纪地层隐伏在邦均镇至别山镇一带第四纪松散堆积之下，呈东西向带状分布，西宽东窄并在蓟县电厂一带尖灭。下部主要为一套安山岩夹少量玄武岩和棕红、绛紫色泥岩，上部主要为一套灰紫色砾岩、棕红色砂质泥岩。

2. 地质构造

本区位于中朝准地台燕山台褶带的南缘。褶皱、断裂发育，褶皱叠加和断裂多期活动现象显著。区内岩浆侵入活动较弱，但组分复杂，有两个根本不同的系列。测区新构造运动比较活跃，断块差异升降显著。

以蓟县断裂为界，北部处在马兰峪复背斜的南西翼，南部位于区域上东西向褶皱构造带西段的延伸部分。北部基岩裸露区构造形态相对复杂，发育几个规模较大的次级褶皱；南部构造绝大部分隐伏于第四系之下，仅在于桥水库南岸的丘陵区出露于地表。受后期构造叠加影响，本区南部边缘地带变形较强烈，形成规模较大的次级褶皱——下仓向斜；此外在邦均—别山一带发育东西向的中生代断陷。

本区长几千米至几十千米的向斜和背斜构造共22个，都属于盖层褶皱。绝大部分为枢纽近水平的开缓和中等褶皱。按形态、产状和相互关系，基本上可分为3个群：早期东西向褶皱群、南北向褶皱群和晚期东西向褶皱群。早期东西向褶皱群包括14个向斜和背斜组成的7个向背斜对；早期南北向褶皱群在区外分布较广，区内仅限于西部，包括盘山穹隆及其周缘构造和西大峪向斜；晚期东西向褶皱群在区内仅包括庄果峪水库向斜、骆驼岭南向斜及其南邻褶曲，是蓟县断裂后期活动伴生构造。

本区断层近90条，长度超过2km者近一半。断层产状复杂，性质多样，多期活动显著，与褶皱群关系密切。按主要成形期或活动期可分早、晚两个断层群。绝大多数断层属早断层群，包括纵、横、斜向3组断层，与早期东西向褶皱群有密切关系，基本同时。晚期断层群中独立或新生断层很少，大多表现为老断层的重新活动。不同走向断层发育程度不同，近南北向者较多，近东西向者很少，与中小线性构造统计结果一致。

蓟县基岩综合地层简表

年代地层			岩石地层	地层符号	构造运动	地质年龄（Ma）	地层厚度（m）	岩性特征
界	系	统	组					
中生界	侏罗系	中统	土城子组	Jtc	华北运动		140～333	下部为灰紫色厚层状复成分砾岩，夹砂岩透镜体，偶见漂砾；上部为灰紫色砂岩、含砾砂岩、粉砂质泥岩
			髫髻山组	Jt	燕山运动 印支运动		46～414	由灰、紫灰、紫红色安山岩夹少量玄武岩，凝灰岩和紫红、紫褐、棕红色泥岩组成。顶部常发育棕红、绛紫色泥岩夹薄层青灰色安山岩
上古生界	二叠系	上统	石盒子组	Psh		265	378～770	灰白色含砾砂岩、砾岩，深灰、灰色砂岩，浅灰、灰、灰绿、紫红色粉砂岩与浅灰、灰、深灰、紫红色泥岩，粉砂质泥岩不等厚互层
		中统	山西组	Ps		280	158～305	下、中部以灰色、浅灰色砂岩、含砾砂岩为主，夹深灰色砂岩、黑色炭质泥岩及煤层；上部为浅灰、灰白色细砂岩及深灰色泥岩
		下统	太原组	Pt		295	48～180	浅灰、深灰色砂岩与深灰、灰黑、紫红色泥岩互层，局部夹煤层，发育多层深灰色灰岩、泥灰岩
	石炭系	上统	本溪组	Cb	加里东运动	320	22～52	紫红、灰绿、浅灰色铝土质泥岩，深灰、黑色泥岩与浅灰、灰白色细砂岩、粉砂岩不等厚互层
下古生界	奥陶系	中统	马家沟组	Om	怀远运动	490	301～524	灰、灰褐色灰岩夹灰黑色角砾状灰岩、沥青质灰岩、灰褐色泥质条带灰岩、浅灰绿色含泥质白云岩、灰色泥灰岩和泥岩
		下统	亮甲山组	Ol			97～128	灰、灰褐、深灰色灰岩、沥青质灰岩，夹灰褐色泥质灰岩，局部夹灰褐、浅灰绿色白云质灰岩
			冶里组	Oy			47～133	灰、灰褐色、局部为灰绿色灰岩，豹皮状灰岩、竹叶状灰岩，夹灰褐色泥灰岩
	寒武系	上统	炒米店组	∈cm			73～177	灰、灰褐、深灰、紫红色灰岩，竹叶状灰岩，泥质条带灰岩，鲕粒灰岩不等厚互层，夹灰色泥灰岩和泥岩
			崮山组	∈g			34～116	灰紫色页岩、灰质泥岩夹灰褐、灰色泥质灰岩、灰岩、泥质条带灰岩，局部为深灰色泥岩与灰褐色灰岩互层，顶底均为较厚的灰紫色页岩
		中统	张夏组	∈z		515	63～269	以灰白、灰、浅绿灰、灰褐色灰岩、鲕状灰岩为主，夹少量暗红、灰紫、深灰、浅绿灰色泥岩或页岩，局部鲕粒灰岩中含海绿石
			馒头组	∈m			190～416	下部以暗棕红、砖红色白云质泥岩、页岩为主；中部以灰黑、暗灰色泥质灰岩、含球粒灰岩、泥质白云岩和白云岩为主；上部以紫灰、灰紫色泥、页岩为主，夹多层灰褐色灰岩、鲕粒灰岩
		下统	昌平组	∈c	蓟县运动		54.9～126	下部岩性以灰褐、灰色厚—巨厚层豹皮状泥晶灰岩为主；上部主要为灰白色巨厚层泥晶灰岩白云岩；底部普遍发育一层厚薄不一的黄灰色白云质角砾岩。下部含三叶虫化石
新元古界	青白口系		景儿峪组	Qbj	尉县上升	780	112	灰、灰白色白云质灰岩和紫红、灰绿、灰黄色页岩，顶部发育紫红色泥岩
			龙山组	Qbl			57～136	下部为灰白色含砾粗粒石英砂岩，底部发育一层燧石角砾岩；中部为灰绿色海绿石石英砂岩夹灰绿色、暗紫红色页岩；上部为灰绿色、灰紫色页岩，偶夹灰岩透镜体和灰绿色泥灰岩
	待建系		下马岭组	?x	芹峪上升	1000	168	黄绿、灰、深灰色粉质砂岩页岩夹粉砂岩、细砂岩、薄层或透镜体，底部发育不稳定砾岩、含铁砂岩及古风化壳
中元古界	蓟县系		铁岭组	Jxt	青龙上升	1400	325	上部为灰色含藻灰岩、白云质灰岩；下部为含燧石条带及团块的白云岩
			洪水庄组	Jxh			131	以棕色、灰、黑色粉砂岩、粉砂质页岩、页岩为主，下部见灰白、浅灰绿砂质白云岩
			雾迷山组	Jxw			3416	以灰、浅灰、褐灰色白云岩为主，多见藻团硅质条带及砂质白云岩
			杨庄组	Jxy			773	以棕红色泥质白云岩为主，见少量灰绿色泥质白云岩
			高于庄组	Jxg		1600	1529	含硅质条带、叠层石白云岩及含锰页岩为主
	长城系		大红峪组	Chd			408	砂岩、砂质白云岩及白云岩，夹火山喷发岩
			团山子组	Cht			510	上部为块状含砂质白云岩，白云质砂岩；下部为黑色、灰色白云岩与含砂泥质白云岩及灰色叶片状白云岩韵律层
			串岭沟组	Chch			913	以暗色页岩、粉砂质（云）页岩为主
			常州沟组	Chc	吕梁运动	1800	859	以灰白色石英岩状砂岩为主
太古界				Ar				角闪斜长片麻岩及浅色变粒岩

3. 侵入岩

盘山岩体,为本区较大的侵入体,分布于蓟县盘山、官庄镇和许家台一带,出露面积 $60km^2$,包括南部主岩体和北部小岩体,二者在深部相连,是一个统一的岩体。其平面呈椭圆型,界面外倾,南缓北陡,与围岩共同构成盘山穹隆构造,是一个多次侵入的复合岩体。第一次至第三次侵入体属主侵入阶段,分别为中粗粒花岗岩侵入体、中细粒黑云母花岗岩侵入体和含斑石英二长岩侵入体。分布略具环状特点,外部早而岩石更为酸性,各侵入体边部也更偏酸性。第四次侵入体为细粒花岗岩侵入体,和主要派生岩脉属主侵入期后阶段的产物。细粒花岗岩侵入体主要分布于岩体外缘,形态复杂多样。主要派生岩脉有花岗细晶岩、花岗斑岩和石英二长斑岩3种。据同位素年龄(锆石 SHRIMP U-Pb)测定结果,盘山岩体年龄值界于 $207\sim203Ma$(马寅生等,2007),结合区域资料,盘山岩体为印支晚期的产物。

朱耳峪岩体,在孙各庄乡朱耳峪村发育规模较小的朱耳峪杂岩体,面积约 $2.5km^2$,为一小岩株,出露形状不很规则,近等轴,北东方向略长,岩体侵入于常州沟组和串岭沟组中,界面较陡或向内倾斜,岩体中部大多被中更新统冲洪积层掩盖。据同位素年龄测定结果,朱耳峪岩体年龄值为 $216\pm2Ma$(天津市地质调查研究院,2009),结合区域资料,为印支晚期的产物。

马伸桥岩体,在马伸桥镇附近隐伏超基性、碱性杂岩体,平面上呈椭圆状,轴向15°,面积约 $2km^2$,围岩为高于庄组和杨庄组白云岩,近岩体有高温接触变质岩和矽卡岩。据同位素年龄测定结果,马伸桥岩体年龄值为 $214Ma$(天津市地质调查研究院,2009),结合区域资料,为印支晚期的产物。

石臼岩体,在穿芳峪镇石臼村附近出露,由几个不规则小岩株或岩枝组成,总体分布近南北向,侵入于高于庄组顶部至雾迷山组下部的南倾单斜层中,北为花岗斑岩、中粒二长花岗岩侵入体,中、南部分布为石英二长闪长斑岩和石英闪长岩侵入体。据同位素年龄测定结果,石臼岩体年龄值为 $207\sim203Ma$,结合区域资料,为印支晚期的产物。

别山岩体,在别山镇东北约3km的小山上出露,面积仅 $0.25km^2$,广泛被第四系掩盖,具超浅成特点,主体是石英正长斑岩,伴有隐爆角砾岩。

下仓岩体,在下仓镇东约6km隐伏霏细斑岩,侵位于下仓向斜核部石炭纪—二叠纪地层中,由3个相互分隔的霏细斑岩侵入体组成,总面积约 $8.4km^2$,界面较陡,下延较深,形态较复杂,东西两个侵入体边界相距不过1500m,大量钻孔资料揭示,岩体总体形态近似桶状,但其边界形态复杂,伸展出不规则岩枝侵入到围岩中,3个相互分隔的侵入体密切相伴,深部可能相连。据 Rb-Sr 等时线年龄值为 $127.33Ma$,属燕山晚期。

大保安岩体,在杨津庄镇东北约6km隐伏花岗岩,侵位时代推测为印支期。

区域岩脉不多,有派生、区域岩脉和中元古代串岭沟期超浅成岩脉三大类。主要为辉绿岩、石英二长斑岩及煌斑岩等。

4. 火山岩

火山岩主要是长城纪大红峪期所形成的富钾基性熔岩(粗玄岩、粗面岩)、火山碎屑岩及少量潜火山岩,其次为长城纪团山子晚期火山角砾岩、橄榄玄武岩,侏罗纪的一套安山岩、玄武岩、凝灰岩。

5. 变质岩

变质岩有区域变质岩、接触变质岩和动力变质岩3类。区域变质岩分别于蓟县北部边缘地带,面积约 $45km^2$,为冀东太古宇老变质岩系的西缘,主要为角闪片麻岩和二长片麻岩;接触变质岩主要发育在岩体周围的接触变质带和规模较大的辉绿岩脉两侧的围岩之中,有碳酸盐岩接触变质岩、黏土岩接触变质岩和砂岩接触变质岩;动力变质岩发育在断裂带中及两侧,主要有碎裂化白云岩、泥质碎斑岩、石英碎斑岩、硅质碎斑岩、长英质糜棱岩和长英质构造片岩。

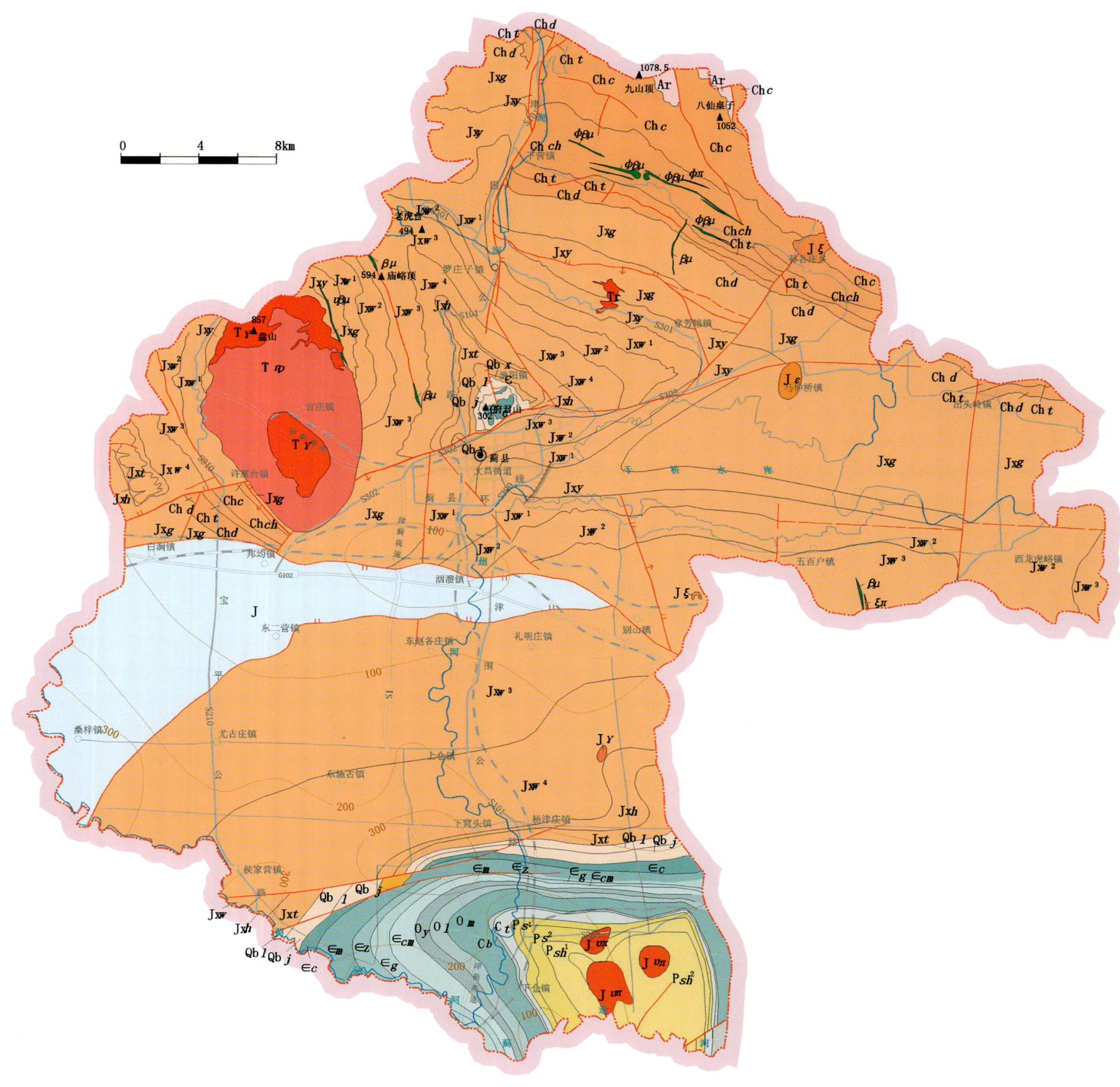

前第四纪基岩地质图

2 基础地质篇

界	系	组	厚度(m)	地层柱状图
	寒武系	昌平组		
新元古界	青白口系	景儿峪组	112	
		龙山组	118	
	待建系	下马岭组	168	
		铁岭组	325	
		洪水庄组	131	
中元古界	蓟县系	雾迷山组	3416	
		杨庄组	773	
		高于庄组	1529	
	长城系	大红峪组	408	
		团山子组	510	
		串岭沟组	913	
		常州沟组	859	
太古界				

蓟县中新元古界柱状剖面图

2.1.4 蓟县平原区第四纪地质图

本图着重反映蓟县南部平原区第四纪地层的成因类型及第四系厚度的分布。对第四纪地层系统的划分、分布、沉积相特征作了扼要介绍。

蓟县位于天津市最北部，处于华北平原东北部，第四系主要分布在蓟县南部平原区。综合以往研究成果，采用岩石地层学、生物地层学、年代地层学、气候地层学等多种方法，建立标准剖面，并与国内及国际标准剖面对比，对第四纪地层进行了划分。

第四系下限存在争议。本图第四系下限或下更新统底界年龄为258万年，中更新统底界年龄为78万年，上更新统底界年龄为12.8万年，全新统底界年龄为1.1万年。

本图第四系划分为更新统及全新统两个统。根据沉积特征的差异分为北部和南部两个地层区。

1. 北部区：蓟县山前至近东西向泗溜断裂以北地区

该区缺失下更新统，只发育有中、上更新统和全新统。地层成因类型复杂，有洪积、冲积、坡洪积、风积等，主要以砂砾石、粉质黏土、黄土状土为主，分布于山间谷地两侧，均为近源碎屑物，构成阶地、漫滩、洪积扇等，最大厚度75m，自下而上地层为：

(1) 中更新统洪积层（Qp^{2pl}）：相当于赤城组，下部为石英岩质砂砾石，上部为粉质黏土，厚度8～10m。

(2) 上更新统坡洪积层（Qp^{3dl+pl}）：主要为棕褐色黏土、黄色粉质黏土，厚10余米。

(3) 上更新统洪冲积层（Qp^{3pal}）：下部为砂砾石，上部为粉质黏土，厚度7～9m，相当于马兰组。砂砾石磨圆与分选较差，层理不发育，厚度0～50m，最厚可达64m。向山前平原延伸隐伏在地表下，与西甘河组呈相变关系。

(4) 全新统冲洪积层（Qh^{al+pl}）、洪积层（Qh^{pl}）、冲积层（Qh^{al}）：为黄褐色含砂砾粉质黏土和碎石，分布在坡麓边缘和沟谷底部，厚度一般小于10m。

2. 南部区：泗溜断裂以南地区

(1) 下更新统（Qp^1）：饶阳组，相当于杨柳青组，主要由灰绿、棕黄、棕红色黏土、粉质黏土组成，底部含砾石，以坡洪积、洪积为主，一般厚0～75m，与前新生代地层呈不整合接触。顶面埋深120～150m，北部较浅，南部较深。在青甸洼至大垡上，蒙东北部以及牛道口至石佛营一带，厚度较大，岩性也比较复杂，其成因类型自下而上呈现出坡洪积、洪积至冲洪积、冲积的规律，局部夹湖沼沉积，厚度大于100m，一般厚150m，最厚为200m。

(2) 中更新统（Qp^2）：肃宁组，相当于佟楼组，以灰色、浅灰色砂与灰绿色、深灰色、黄褐色等杂色粉质黏土、黏土不等厚互层，局部底部有砾石层。上部为冲积夹湖沼积，下部为冲洪积，局部为坡洪积和洪积。一般厚40～60m，与下伏地层呈整合接触。该组顶面埋深60～90m，局部100m，总体向北变薄尖灭，向南逐渐增厚，本组厚度变化较小，以冲积夹湖沼积为主。

(3) 上更新统（Qp^3）：西甘河组，相当塘沽组，主要为灰白、棕黄等色砂与灰绿、深灰色粉质黏土、黏土不等厚互层，为冲积夹湖沼积。厚40～72m。该组顶面埋深16～27m，北部边缘较浅。

(4) 全新统（Qh）：有冲积、湖沼积、冲积湖积、冲洪积等成因类型，总厚度一般15～24m，最厚可达27m。

冲积层（Qh^{al}）：为浅灰、灰黄色砂与黄褐、灰色粉土、粉质黏土、黏土不等厚互层，常构成上细下粗的双层结构韵律层。

湖沼积层（Qh^{fl}）：为深灰、灰黑色黏土、粉质黏土，属沼泽相和牛轭湖相，多发育在冲积层的顶部，厚度一般小于1m。

冲积湖积层（Qh^{al+fl}）：在南部地区，冲积层发育，地表又分布湖沼相沉积，出现复合性成因类型沉积。

冲洪积层（Qh^{pal}）：为黄褐色含砂砾粉质黏土，局部夹砂，在地表构成冲洪积扇，厚约10m。

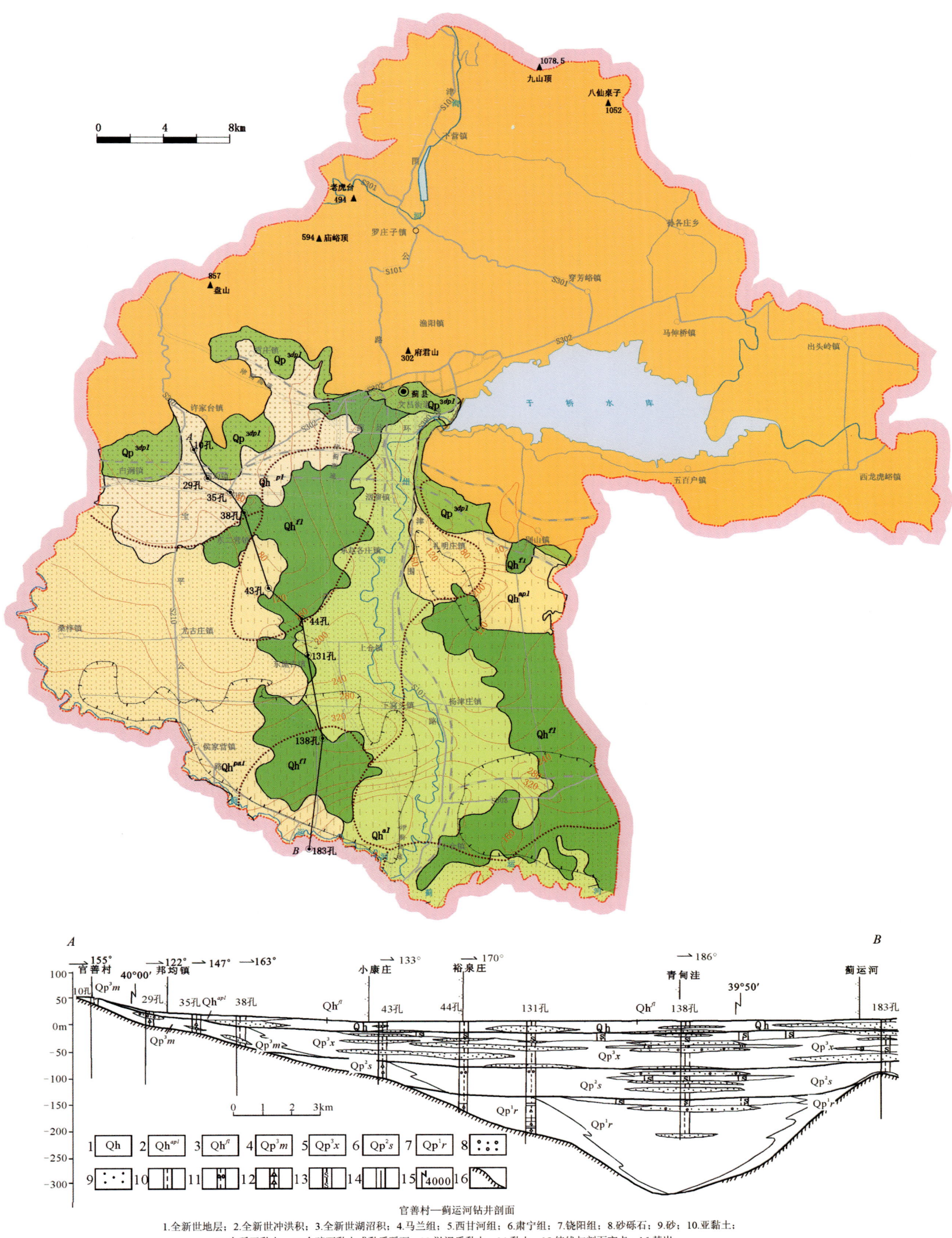

官善村—蓟运河钻井剖面

1.全新世地层；2.全新世冲洪积；3.全新世湖沼积；4.马兰组；5.西甘河组；6.肃宁组；7.铙阳组；8.砂砾石；9.砂；10.亚黏土；11.含砾亚黏土；12.含碎石黏土或黏质砾石；13.淤泥质黏土；14.黏土；15.纬线与剖面交点；16.基岩

蓟县平面区第四纪地质图

2.2 蓟县剖面专题

蓟县剖面展布在蓟县城北,从常州村至府君山,沿北东至南西方向层层叠复,剖面长约24km。蓟县剖面发现于20世纪30年代初,1934年由高振西、熊永先、高平著文发表。自那时起即成为我国震旦系的标准剖面。蓟县剖面就像一部巨厚的"石头记",真实地记录着地球演化距今18~8亿年间的地质演化史,赋存着反映当时的古地理、古气候、古生物、古构造、古地磁等大量自然信息以及多种金属、非金属矿产资源。中元古界长城系和蓟县系以其岩层齐全、出露连续、保存完好、顶底清楚、构造简单、基本未变质和古生物化石丰富等得天独厚的特色而闻名于世,备受中、外地质专家的关注。

蓟县剖面总厚度约9200m,其发育程度,除少数几个组外,在燕山地区都是首屈一指的。按岩石种类百分比计,碳酸盐岩占主要地位,为73.53%,其次是碎屑岩,占17.60%,再次为黏土质岩石,占7.60%,火山岩和火山碎屑岩最少,只有1.27%。因此,蓟县的中新元古界属于碳酸盐相。蓟县剖面岩石地层划分为12个组级单位,由下而上的次序为:中元古代长城纪常州沟组、串岭沟组、团山子组、大红峪组;中元古代蓟县纪高于庄组、杨庄组、雾迷山组、洪水庄组、铁岭组;中元古代待建纪下马岭组和新元古代青白口纪龙山组、景儿峪组。时限分别为1800~1600Ma、1600~1400Ma、1400~1000Ma和1000~780Ma。

中国华北克拉通燕辽坳拉槽中元古界下马岭组地层的时限大致限制在1400~1320Ma。蓟县剖面中元古界常州沟组至下马岭组从1800~1320Ma期间的地层序列基本上是连续的。按传统认识,下马岭组之上属青白口系的龙山组和景儿峪组的沉积时限在900~800Ma之间,则蓟县剖面缺失从1320~900Ma之间长达420Ma的地层系统。

蓟县剖面中新元古代地层的年代格架

国际地层		中国年代地层		蓟县剖面	界限年龄（Ma）
界	系	界	系		
新元古界	拉伸系	新元古界	青白口系	景儿峪组	780
				龙山组	1000
中元古界	狭带系	中元古界	待建系		1200
	延展系			下马岭组	1400
	盖层系		蓟县系	铁岭组	
				洪水庄组	
				雾迷山组	
				杨庄组	
				高于庄组	1600
古元古界	固结系		长城系	大红峪组	
				团山子组	
				串岭沟组	
				常州沟组	1800
	造山系	古元古界			

2.2.1 中元古代长城纪地层

地层总厚度达2690m,由碎屑岩建造过渡到富镁碳酸岩建造,属河流相、滨海沙滩相、岸边砂泥相、滨海潮浦或潟湖相沉积。叠层石和微古植物发育。据岩石组合特征,长城纪地层分为常州沟、串岭沟、团山子和大红峪4个组。

1. 常州沟组（Chc）

常州沟组是不整合于太古宙变质岩之上,中元古界底部的一套碎屑岩。下部为砾岩、含砾粗砂岩、长石石英砂岩、石英砂岩;上部为石英岩状砂岩夹砂岩和砂质页岩。其底部以紫红色砾岩与下伏地层分界,为角度不整合接触关系;顶为细砂岩和砂质页岩互层,与上覆串岭沟组连续过渡。在蓟县常州村—青山岭剖面上本组分为两个段。厚度859m。

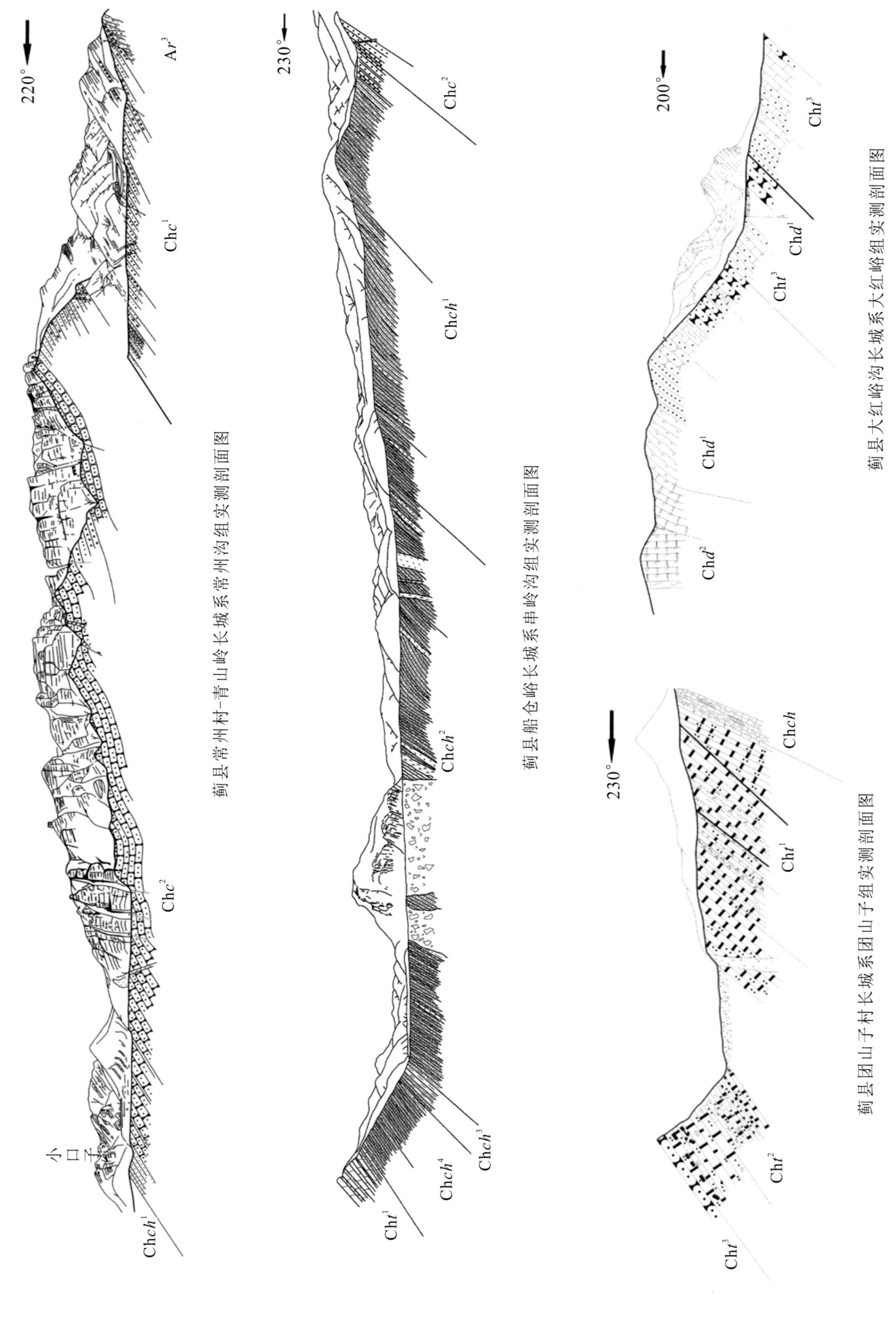

蓟县常州村-青山岭长城系常州沟组实测剖面图

蓟县船仓峪长城系串岭沟组实测剖面图

蓟县大红峪沟长城系大红峪组实测剖面图

蓟县团山子村长城系团山子组实测剖面图

2. 串岭沟组（Chch）

串岭沟组是常州沟组之上、团山子组之下的一套以粉砂质伊利石页岩为主，夹少量碎屑岩和碳酸盐岩的岩石地层。其底部与常州沟组渐变过渡；顶以铁白云岩和砂质含菱铁矿白云岩始现与上覆团山子组分界。与下伏及上覆地层均为整合接触。本组在蓟县船仓峪剖面上分为4个段。厚度913m。

3. 团山子组（Cht）

团山子组是串岭沟组之上、大红峪组之下的一套厚层含铁白云岩、薄层白云岩夹砂岩、石英岩状砂岩、粉砂质页岩的岩石地层。其底部以含铁白云岩和砂质含菱铁矿白云岩与下伏地层分界；顶以板层夹中厚层石英岩状砂岩始现与上覆大红峪组分界。与下伏及上覆地层均为整合接触。本组在蓟县团山子村剖面上分为3个段。厚度510m。

4. 大红峪组（Chd）

团山子组之上、高于庄组之下的一套火山-沉积岩系。下部为石英岩状砂岩、长石石英砂岩、白云岩夹富钾粗面岩、火山角砾岩、凝灰质砂岩；上部为白云岩、燧石白云岩，含有大量叠层石。其底部以石英岩状砂岩与团山子组白云岩分界，为整合接触；顶界与高于庄组最底部含砾粗砂岩或含长石石英岩状砂岩呈平行不整合接触。大红峪组在蓟县大红峪沟剖面上分为两个段。厚度408m。

2.2.2 中元古代蓟县纪地层

地层总厚度为6156m。岩石类型以碳酸盐岩为主，黏土岩和碎屑岩少量。沉积相为滨海潮浦相、滨海潟湖相、浅海陆棚盐泥相。叠层石由个体小的小型柱状、杯状体，逐渐变为个体大、分叉简单具壁的锥状体和积极分叉的大型柱状体。蓟县纪地层划分为高于庄、杨庄、雾迷山、洪水庄和铁岭5个组。

1. 高于庄组（Jxg）

高于庄组是大红峪组之上、杨庄组之下以碳酸盐岩占绝对优势的一套岩石地层。岩性主要为厚至薄层白云岩和白云质灰岩。其底部为含砾粗砂岩或长石石英岩状砂岩；下部多含陆源碎屑，并含多层叠层石；中下部有"蓟县式锰（硼）矿"；中上部含碳质和沥青质；顶部多为燧石结核并夹硅质岩。与下伏大红峪组为平行不整合接触，与上覆杨庄组为整合接触。高于庄组在蓟县大红峪至翟庄剖面上分为4个段。厚度1529m。

2. 杨庄组（Jxy）

杨庄组是高于庄组之上、雾迷山组之下的一套具特殊的红色或红、白相间颜色的含粉砂泥状白云岩，夹燧石白云岩、白云质灰岩及沥青质白云岩的岩石地层。其底部以灰白色泥状含砾砂屑白云岩与下伏地层分界；顶以大套红色岩层消失后始现的块层藻白云岩与上覆雾迷山组分界。与下伏及上覆地层均为整合接触。杨庄组在蓟县三间房剖面上分为3个段。厚度773m。

3. 雾迷山组（Jxw）

雾迷山组是杨庄组之上、洪水庄组之下的一套富镁碳酸盐岩，夹少量碎屑岩和黏土岩的岩石地层。主要由燧石条带白云岩、叠层石白云岩、沥青质白云岩及少量泥状含粉砂内碎屑白云岩、硅质岩组成。该组为潮下—潮间—潮上的多韵律沉积。与下伏及上覆地层均为整合接触。雾迷山组可分为4个段。厚度3416m。

4. 洪水庄组（Jxh）

洪水庄组指雾迷山组之上、铁岭组之下的一套灰黑、灰绿、褐灰、棕黄色粉砂质页岩，上部夹薄层石英砂岩，下部夹板层含泥砂质白云岩的岩石地层。其底部以黑色粉砂质页岩与下伏雾迷山组分界；顶以灰白色中厚层中粒石英砂岩始现与上覆铁岭组分界。与下伏及上覆地层均为整合接触。页岩中富含微古植物。厚度131m。

5. 铁岭组（Jxt）

铁岭组指洪水庄组之上、下马岭组之下的一套含盆屑含锰白云岩、紫色和翠绿色页岩、叠层石灰岩及白云质灰岩的岩石组合。可分两个段，以其一段顶部含钙质和铁锰质，二段上部群体生长的柱状叠层石发育为特征。其底部以灰白色中厚层中粒石英砂岩与下伏地层分界，为整合接触；顶以铁矿层及含铁粗砂岩或砾岩始现与上覆下马岭组分界，为平行不整合接触关系。厚度325m。

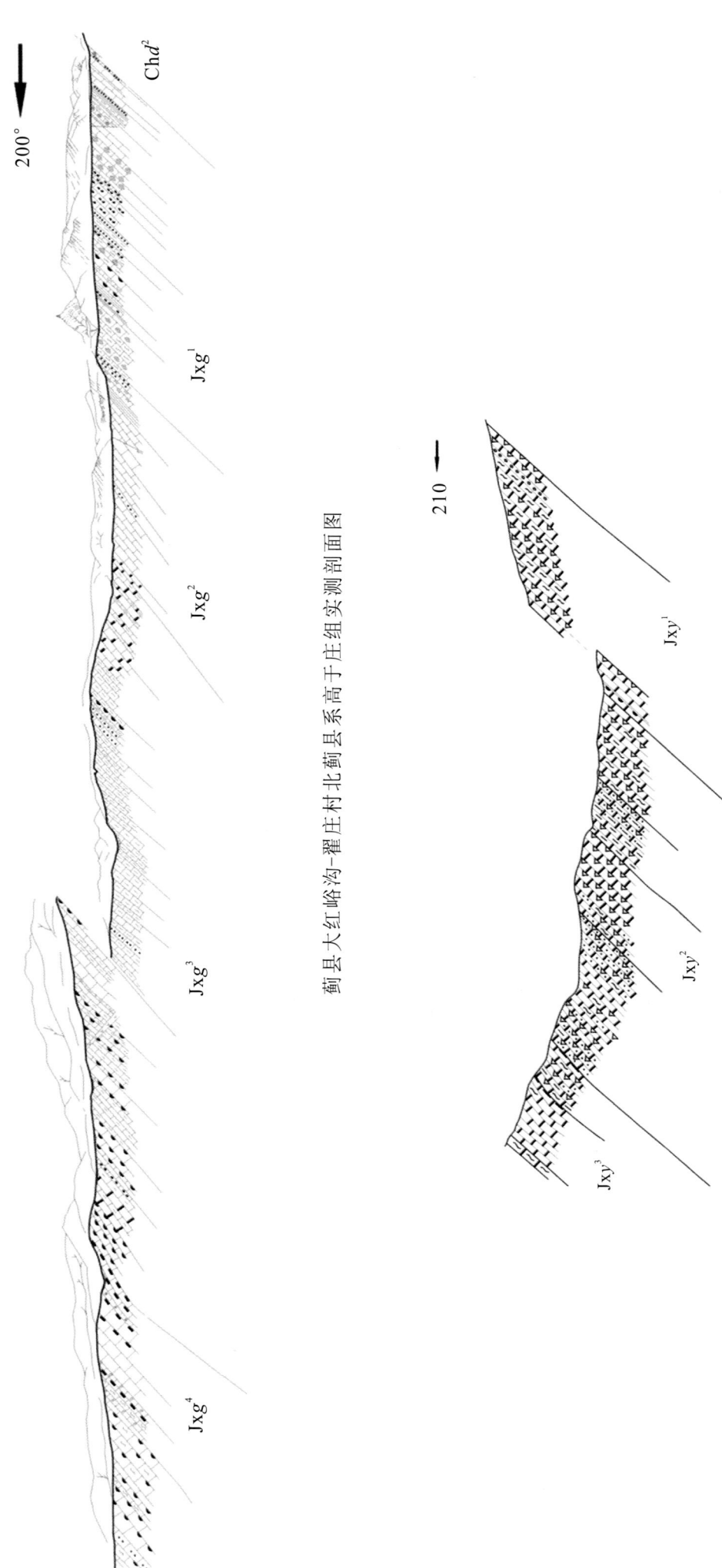

蓟县大红峪沟-瞿庄村北蓟县系高于庄组实测剖面图

蓟县三间房蓟县系杨庄组实测剖面图

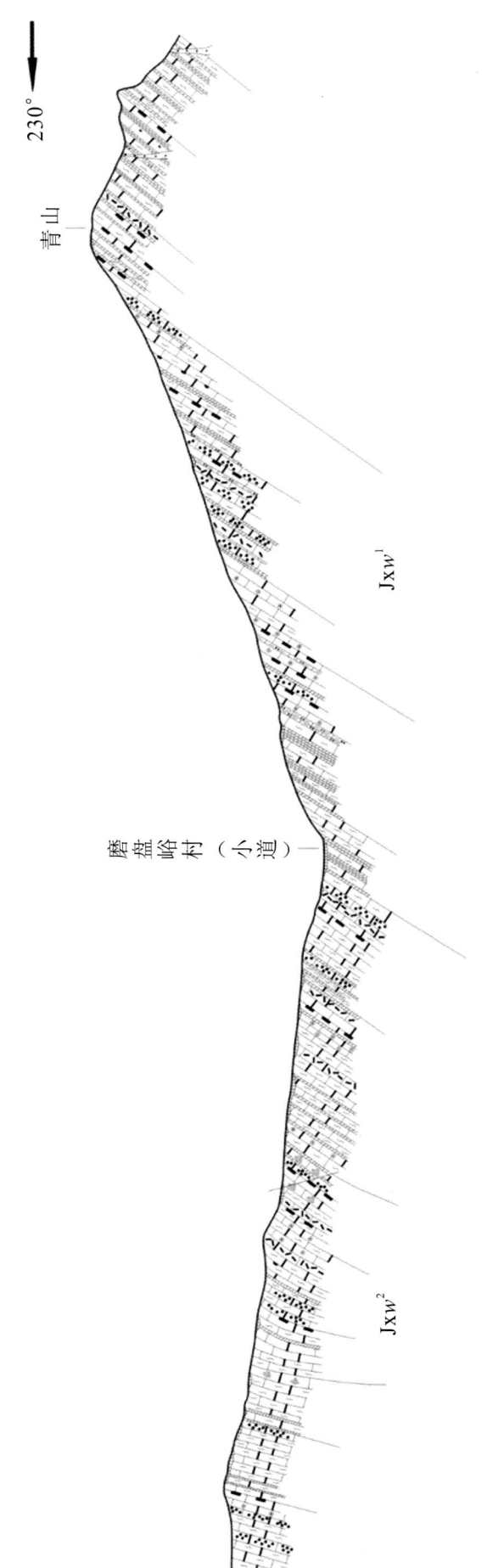

蓟县磨盘峪村北-磨盘峪南山蓟县系雾迷山组一、二段实测剖面图

蓟县二十里铺-洪水庄东南蓟县系雾迷山组三、四段实测剖面图

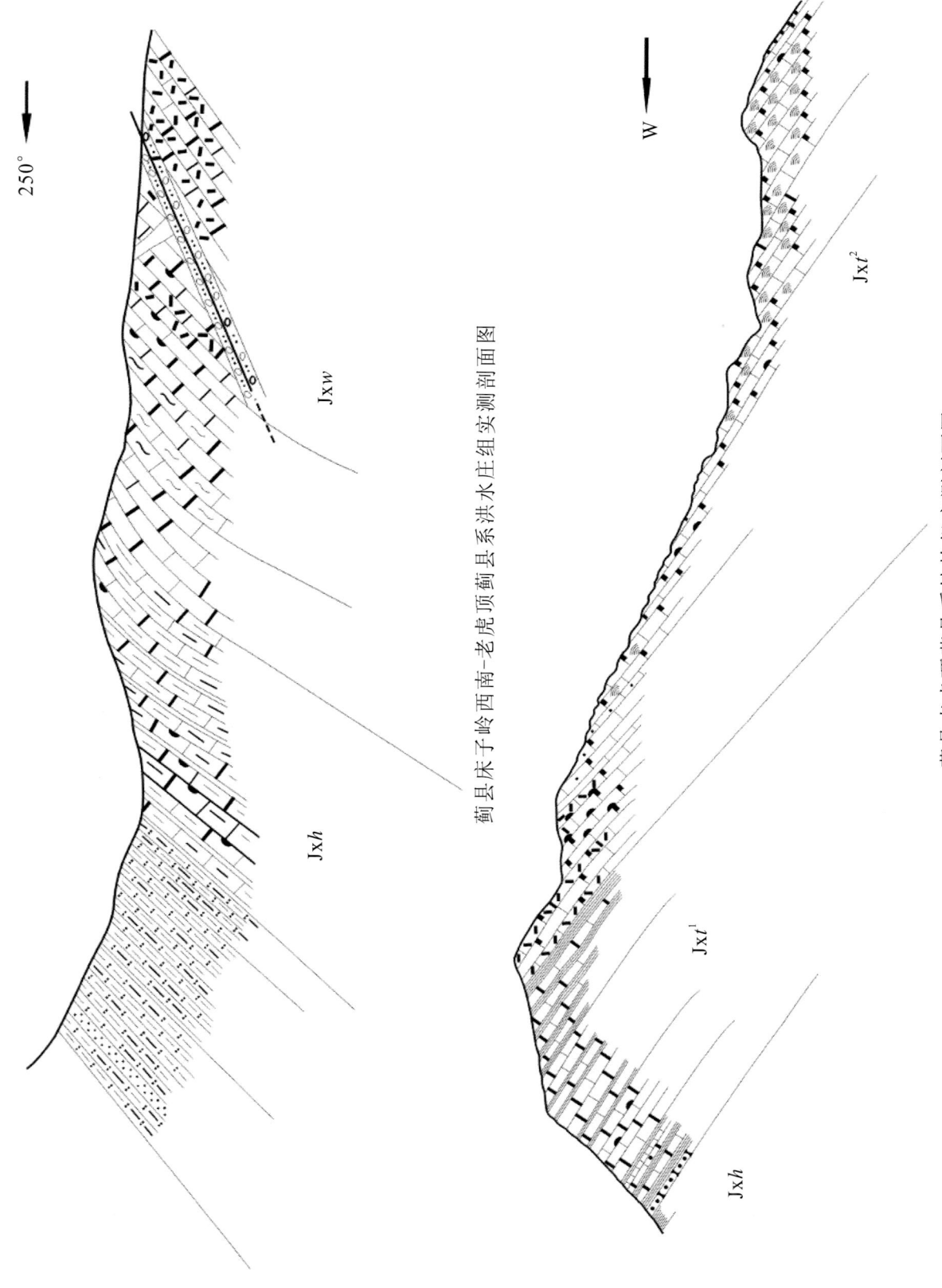

蓟县床子岭西南-老虎顶蓟县系洪水庄组实测剖面图

蓟县老虎顶蓟县系铁岭组实测剖面图

3.1 蓟县矿产地质概况

天津市蓟县的矿产地质工作始于20世纪40年代。日本人曾对蓟县的锰矿、钨矿等进行过多次地质调查。40年代末,华北公营矿冶所曾对下营、黄崖关、马伸桥一带锰矿进行过1∶50 000的矿产调查工作。

中华人民共和国成立以来,随着大规模的经济建设,天津市蓟县地质矿产工作取得了长足的进展。地质部地质科学研究所、河北省地质局、煤炭地质部门、天津市地质调查研究院、华北有色勘查总公司、冶金地质调查院和蓟县地质矿产局等单位先后在本区进行过地质矿产调查、普查、详查、煤田勘探和综合研究等工作,提交了相应的地质成果报告,探明了煤、铁、锰(硼)、金、钨、钼、硫铁、水泥用灰岩、含钾泥岩、建筑用灰岩(白云岩)、陶瓷土、砖瓦用页岩等一批矿产地。1994年编制《天津市区域矿产总结》时,对区域成矿规律、成矿作用进行了初步总结,并对煤炭、石油天然气、地下热水、蓟县式锰(硼)矿、有色金属、金等进行了成矿规律研究和成矿预测。国土资源部2008年发布了《关于开展全国矿业权实地核查工作的通知》,启动了全国矿业权核查工作。天津市国土资源和房屋管理局委托天津市地质调查研究院和天津地热勘查开发设计院承担全市范围内的矿业权实地核查工作,于2010年7月提交报告。

截至2006年天津市共发现矿产35种(亚矿种45种)。其中能源矿产5种,金属矿产6种,非金属矿产20种,水气矿产2种。分别为:煤炭、石油、天然气、地热、煤层气、锰、铁、钨、钼、铜、金、重晶石、硼、硫铁矿、磷、含钾岩石、泥炭、白云岩、天然石英砂、石灰岩、页岩、黏土、大理石、花岗石、麦饭石、贝壳、石英岩、陶瓷土、辉绿岩、天然油石、海泡石黏土、透辉石、地下水、矿泉水、二氧化碳气等。已探明资源储量的矿产18种,包括煤炭、石油、天然气、地热、锰、金、重晶石、硼、含钾岩石、白云岩、石灰岩、页岩、黏土、陶瓷土、辉绿岩、地下水、矿泉水、花岗石等。矿产地储量规模以中、小型为主。

除去石油、天然气、煤层气、贝壳和二氧化碳气外,其余矿产绝大部分分布在蓟县地区(见下表)。金属、非金属矿产主要分布在蓟县山区,能源矿产分布在蓟县平原区,水气矿产(包括地下水源地、矿泉水)在山区和平原区均有分布。

蓟县矿种分类表

矿产分类		矿种数	矿种名称
能源矿产		1	煤炭
金属矿产	黑色金属	2	锰、铁
	有色金属	3	钨、钼、铜
	贵金属	1	金
非金属矿产	化工非金属	6	重晶石、硼、硫铁矿、磷、含钾岩石、泥炭
	冶金非金属	2	白云岩、天然石英砂
	建筑及其他非金属	12	石灰岩、页岩、黏土、大理岩、花岗岩、麦饭石、石英岩、陶瓷土、辉绿岩、天然油石、海泡石黏土、透辉石
水气矿产		2	地下水、矿泉水
合计		29	

3.2 蓟县能源矿产分布图

能源矿产在蓟县地区只发育有煤和泥炭两种类型（资料截至 2011 年）。本图以矿床点中心坐标表示矿产分布位置，以点图元大小表示矿床规模矿床编号，以矿产分类汉语拼音首字母＋顺序号表示："N-1"。

蓟县能源矿产地一览表

编号	矿种	矿产地	成矿时代	成因类型	规模	工作程度
N-1	煤	蓟县大杨各庄	石炭纪—二叠纪	沉积型	中型	普查-详查
N-2	煤	蓟县邦均—段甲岭	侏罗纪	沉积型	小型	预查

蓟县共发现煤矿床 2 处，其中中型 1 处、小型 1 处，工作程度分别为普查-详查、预查。成矿类型为沉积型，赋矿层位主要以石炭系—二叠系为主，次为侏罗系。已获得煤矿资源量为 8544×10^4 t。

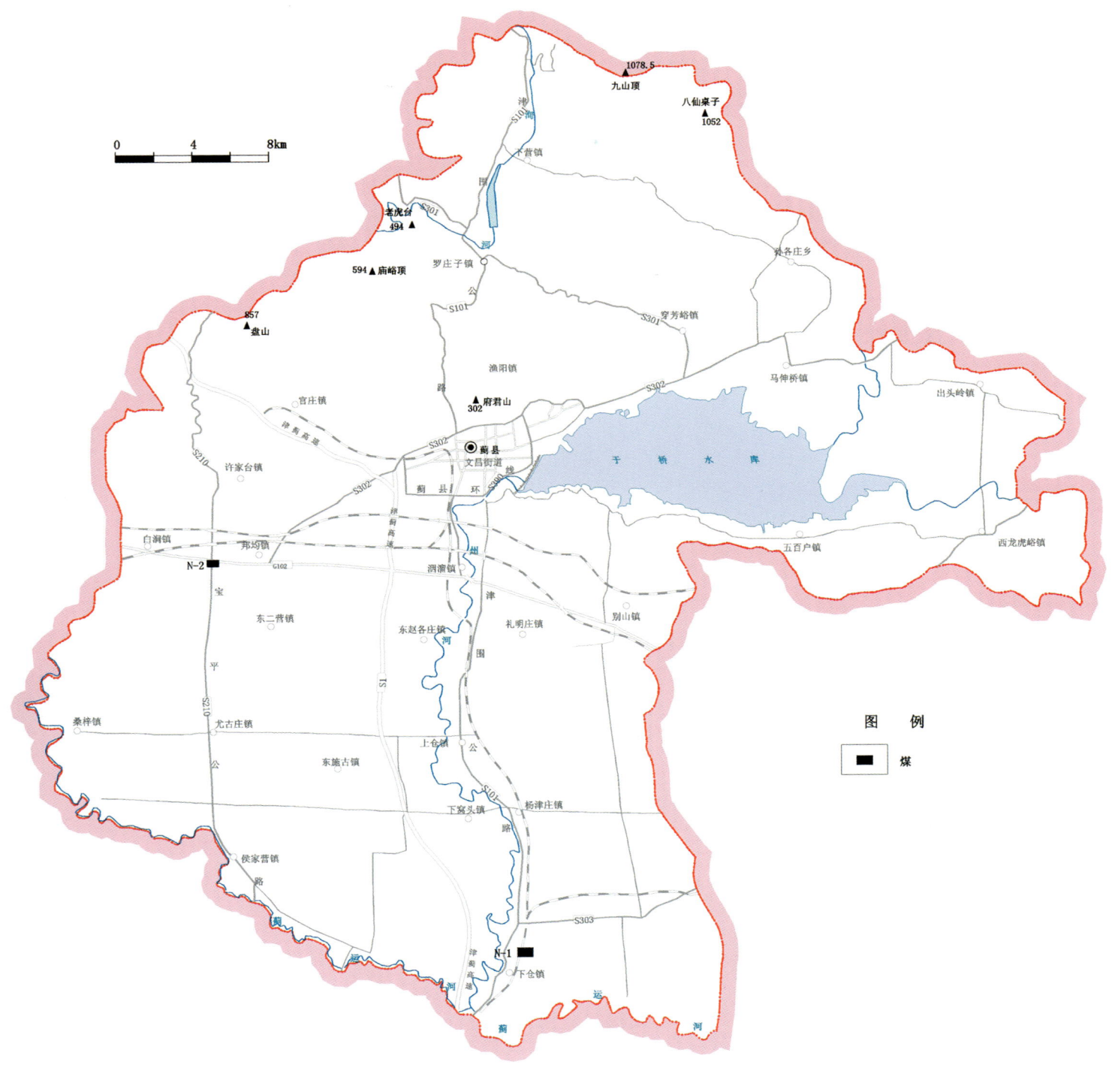

蓟县能源矿产分布图

3.3 蓟县金属矿产分布图

蓟县金属矿产发育有黑色金属、有色金属、贵金属等多种类型。黑色金属矿产有铁、锰共2种;有色金属矿产有铜、钨、钼、铅、锌5种;贵金属只有金一种。蓟县金属矿产虽然种类较多,但多为小型和矿(化)点,规模小、品位低,有工业价值的较少(资料截至2011年)。

本图以矿床点中心坐标表示矿产分布位置,以点图元大小表示矿床规模,矿床编号以矿产分类汉语拼音首字母+顺序号表示:"J-1"。

蓟县金属矿产地一览表

编号	矿种	矿产地	成矿时代	成因类型	规模	工作程度
J-1	铁矿	蓟县常州村	新太古代早期	沉积变质型	小型	普查
J-2	铁矿	蓟县庄果峪	中元古代铁岭期	海相沉积型	矿点	预查
J-3	铁矿	蓟县铁岭子	新元古代下马岭期	海相沉积型	矿点	勘探
J-4	铁矿	蓟县西流水	印支期	接触交代型	矿点	预查
J-5	铁矿	蓟县大石峪	印支期	接触交代型	矿点	预查
J-6	铁矿	蓟县—兴隆前干涧	中元古代高于庄期	海相沉积型	小型	普查
J-7	铁矿	蓟县坝尺峪	中元古代高于庄期	海相沉积型	小型	普查
J-8	锰硼矿	蓟县东水厂	中元古代高于庄期	海相沉积型	小型	详查
J-9	钨矿	蓟县沿河	印支晚期	石英脉型	小型	详查
J-10	钼矿	蓟县沟河北	印支晚期	接触交代型	小型	详查
J-11	铜矿	蓟县常州村		石英脉型	矿点	普查
J-12	铜矿	蓟县田家峪	印支晚期	接触交代型	矿化点	预查
J-13	金矿	蓟县东山	燕山晚期	岩浆热液型	矿点	普查
J-14	金矿	蓟县黄花山	燕山晚期	岩浆热液型	小型	普查-详查
J-15	金矿	蓟县龙福寺	燕山晚期	岩浆热液型	矿点	普查
J-16	硫铁矿、钼	蓟县石臼	印支晚期	接触交代型	小型	普查
J-17	铅锌矿	蓟县许家台	印支晚期	石英脉型	矿点	普查

1. 黑色金属

蓟县黑色金属矿产只有铁、锰2种。铁矿共有5个矿床,其中小型1处,矿点4处。成矿类型有沉积变质、沉积、接触交代3种类型。蓟县铁矿工作程度普遍较低,且工作年代久远。已探明铁矿资源量为 97.87×10^4 t。锰矿共有3个矿床,全部为小型,成矿类型全部为海相沉积型。其中东水厂矿床以锰伴生硼为典型特征,为世界稀有、中国唯一的锰方硼石矿床。

2. 有色金属

蓟县有色金属矿产有铜、钨、钼、铅、锌5种，共5个矿床点，其中小型钨矿1处，为石英脉型；铜矿点2处，分别为石英脉型和接触交代型；硫铁多金属小型矿床1处，为接触交代型；铅锌矿点1处，为石英脉型。蓟县有色金属矿产工作程度普遍较低，只有钨、钼2处矿床达到详查程度，其余的只为普查或预查。已探明资源量：钨金属量2239.4t（现已注销），钼矿石量$115.5×10^4$t，硫铁矿矿石量74 166.7t。铅锌工作程度低，未获得资源量。

3. 贵金属

蓟县贵金属矿只发现有金矿一种，共有3个矿床，其中小型1处，矿点2处，成矿类型为岩浆热液型，成矿时代为燕山期。工作程度主要为普查。已探明金矿资源量为1876.2kg。

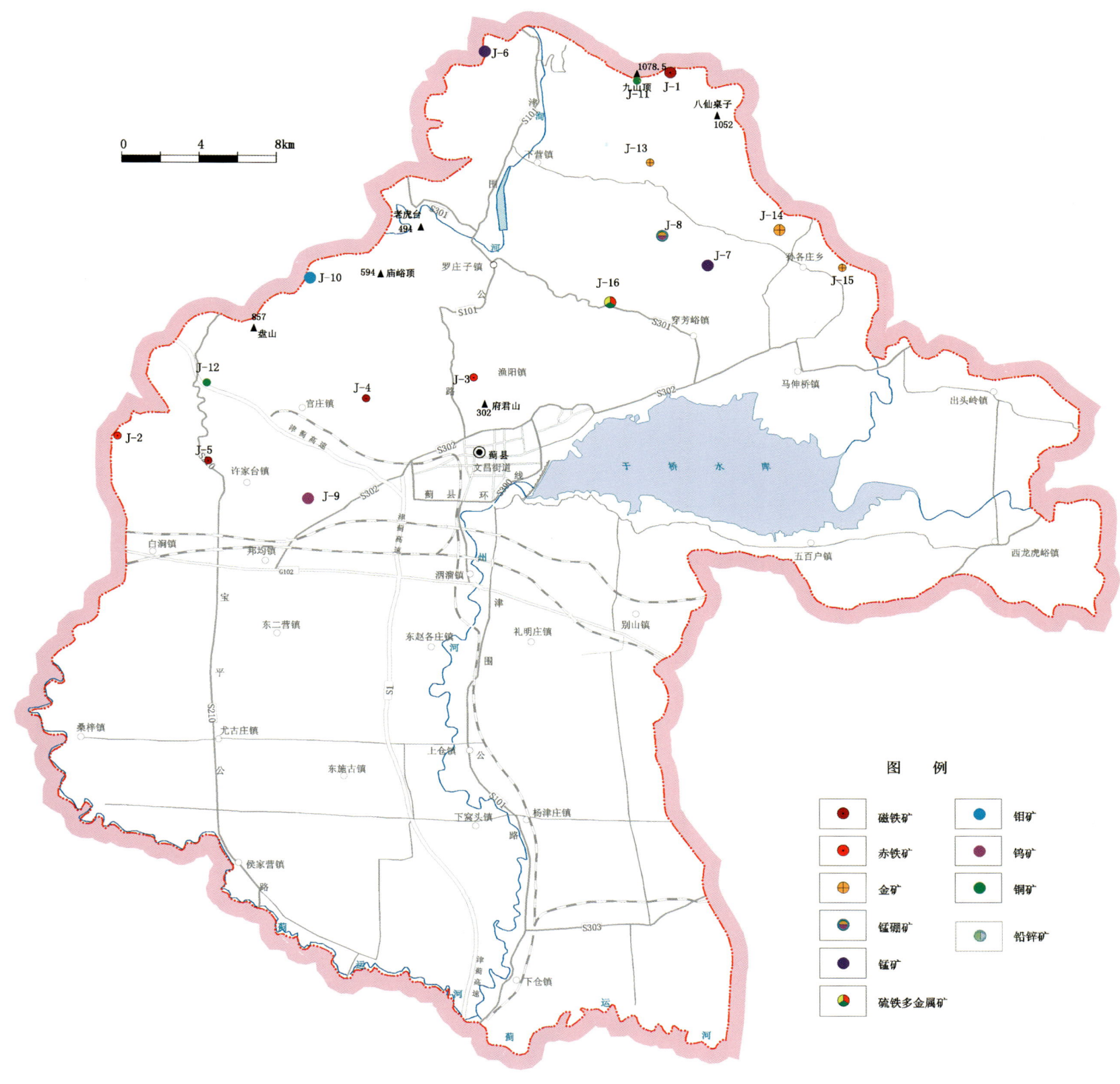

蓟县金属矿产分布图

3.4 蓟县非金属矿产分布图

非金属矿产在蓟县分布普遍,已发现矿产种类共有20种,分别为:磷灰石、重晶石、水泥用灰岩、建筑石料用灰岩(白云岩)、冶金用白云岩、铸型用砂、水泥配料用页岩、砖瓦用页岩、水泥配料用黏土、建筑石料用花岗岩、大理岩、含钾岩石、辉绿岩、陶瓷土、麦饭石、海泡石黏土、石膏、长石、粗面岩、泥炭。共发现非金属矿床49处。其中建筑石料用灰岩(白云岩)、水泥用灰岩、砖瓦用页岩为优势矿产,从矿产地数量、规模、资源储量等居优势地位(资料截至2011年)。

本图以矿床点中心坐标表示矿产分布位置,以点图元大小表示矿床规模,矿床编号以矿产分类汉语拼音首字母+顺序号表示:"F-1"。

1. 建筑石料用灰岩(白云岩)

已发现矿床点9处,都为小型,工作程度全部为普查,成矿类型单一,全部为沉积型,含矿层位为中元古代蓟县系雾迷山组地层。已探明资源量为 $55\ 501.92 \times 10^4$ t。

2. 水泥用灰岩

已发现矿床点8处,其中中型3处,小型5处,工作程度以勘探为主,另有1处预查、1处普查。成矿类型单一,全部为沉积型,成矿时代为中元古代铁岭期,含矿地层为蓟县系铁岭组。已探明资源量为 $20\ 361.34 \times 10^4$ t。

3. 砖瓦用页岩

已发现矿床点4处,其中大型3处,中型1处,工作程度为详查。成矿类型单一,全部为海相沉积型,成矿时代为中元古代,含矿地层为蓟县系洪水庄组。已探明资源量为 $21\ 011.62 \mathrm{m}^3$。

4. 重晶石

已发现矿床点3处,其中小型2处,矿点1处,工作程度分别为详查、普查、预查。成矿类型单一,全部为低温热液型,成矿时代印支晚期,含矿地层为中元古代杨庄组、雾迷山组。已探明资源量为 165.34×10^4 t。

5. 泥炭

蓟县共发现泥炭矿床4处,其中小型1处,矿点3处,工作程度全部为普查。成矿类型全部为沉积型,第四系成矿。已获得泥炭资源量为277 553.6 t。

6. 其他矿产

含钾岩石、麦饭石、陶瓷土等矿种,矿床点分别为1~2个,虽然矿床数量不多,但经勘查资源储量已达大型规模。

大理岩、花岗岩、水泥配料用黏土、磷灰石、长石等其他一些非金属矿产,多为做建筑石料用,在本区只见有一些小型矿床或矿点,矿床点不多,不具规模,且勘查程度较低,在本区不具优势,资源潜力不大。

3 矿产资源篇

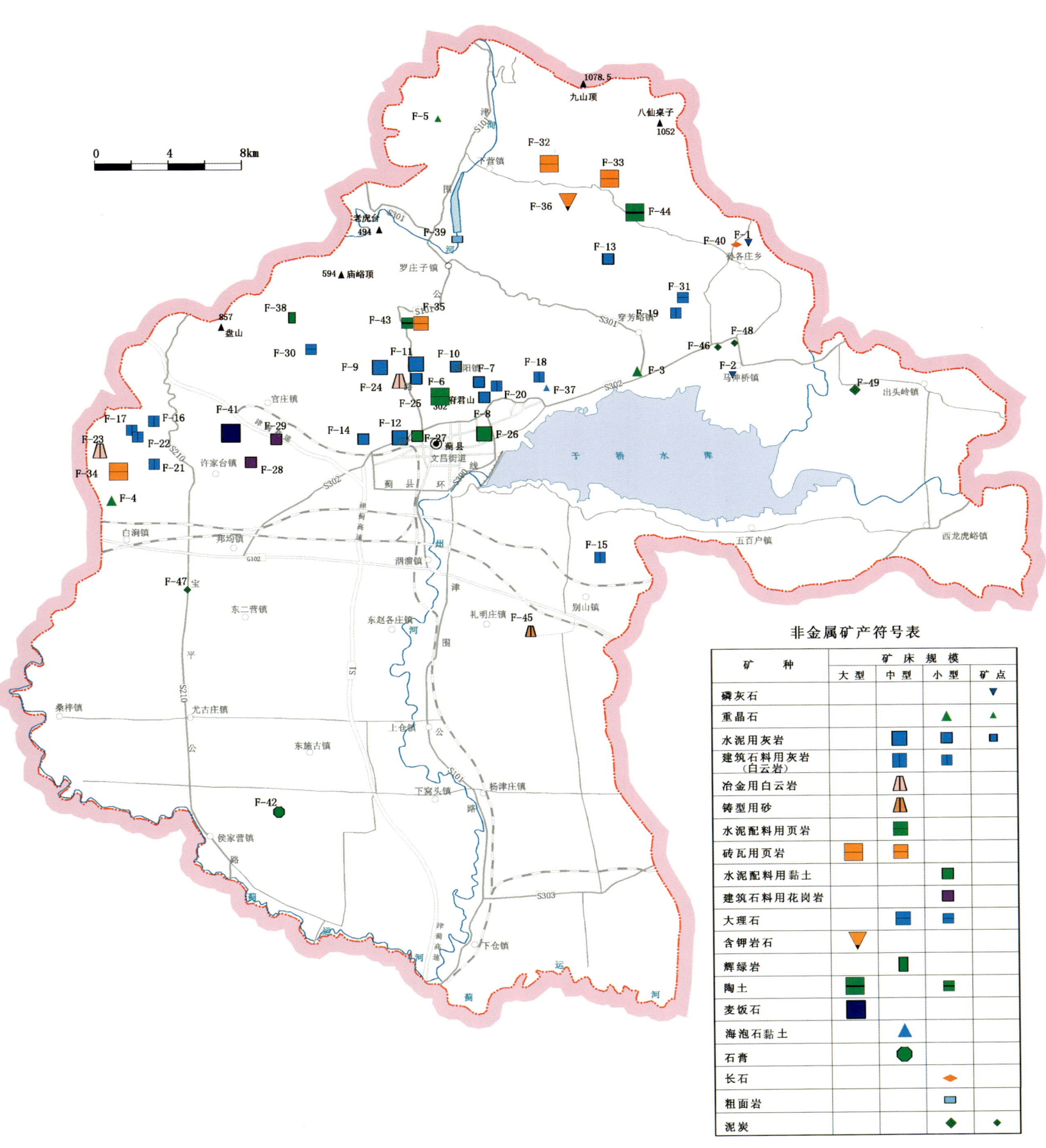

蓟县非金属矿产分布图

3.5 蓟县矿泉水分布图

本图所指矿泉水点，为含一定量对人体健康有益的矿物质、微量元素，且达到国家饮用天然矿泉水标准(GB8537—2008)要求，并通过国家或省市级技术鉴定的饮用天然矿泉水水源点。到目前为止，建厂开发的已有15家，近年在正常生产的约10家：天津万松天然食品有限公司官庄镇24井、天津市蓟县华润矿泉水厂B1井、天津市蓟县盘山麦饭石矿泉水矿(砂管处官庄1号井)、天津市蓟县金盘山麦饭石矿泉水矿(营房村东1号井)、天津市蓟县光源电力有限公司蓟御饮品厂、天津市中燕饮用天然矿泉水厂(蓟县官庄镇盘山供水站2号井)、天津霞森矿泉水饮料厂6号井、天津市今晚润天科技发展有限公司(蓟县许家台B2井)、天津市绿源天然矿泉水厂下仓JK1井(矿露牌矿泉水)。

按其水质特征组分达标项目不同，可分为4种类型：偏硅酸型、锶型、偏硅酸-锶型、偏硅酸-锂型-锶型或碘、偏硅酸、锶型；按赋存条件划分为3种成因类型：花岗岩裂隙矿泉水、碳酸盐岩岩溶裂隙矿泉水、第四系松散层孔隙矿泉水。

1. 花岗岩裂隙矿泉水

该类型矿泉水主要分布于本市蓟县北部盘山南麓的花岗岩风化壳、断裂破碎带，或与围岩、岩脉接触带中，为本市的主要矿泉水水源地之一，共发现有13处，其中偏硅酸-锶型矿泉水有8处，偏硅酸型有5处，水化学类型以 $HCO_3-Ca·Mg$ 或 HCO_3-Ca 型为主，个别为 $HCO_3·Cl-Ca$ 或 $HCO_3·SO_4-Mg·Ca$ 型，矿化度153.8~556.9mg/L，偏硅酸含量33.3~57.6mg/L，锶含量0.25~0.80mg/L。在盘山岩体北西向断裂和山前断裂交会处，赋存有水温大于40℃的氟、偏硅酸型热矿水，现有两个开采井。

2. 碳酸盐岩岩溶裂隙矿泉水

该类型矿泉水位于天津石化公司下仓水源地中的奥陶系灰岩含水层中，为一封闭良好的储水构造。目前通过勘察评价并投入开发的有3处，矿泉水类型为锶型。区内岩溶和断裂构造发育，基岩较为破碎，富水性强，单井涌水量10~300m³/(h·m)，锶含量由北东向南西沿地下水流向有增高的趋势。水化学类型在北小胡为 $HCO_3-Ca·Mg$ 型，大杨各庄为 $HCO_3·Mg·Ca$ 型，到小赵庄为 $HCO_3·SO_4-Ca·Mg$ 型，矿化度为261.5~364mg/L，锶含量为0.9~3.75mg/L，均属含锶低钠重碳酸钙镁型矿泉水。

3. 第四系松散层(页岩、泥岩、砂岩等)孔隙矿泉水

平原区随着地下水的运动、渗流，不断溶解含水介质中的锶，使矿物元素逐渐富集，进入地下水中。主要分布于平原区，赋存于第四系上、中、下更新统含水砂层中，水化学类型为 $HCO_3-Ca·Na$ 或 $HCO_3·Cl-Ca·Na$ 型，矿化度为372.7~500mg/L，锶含量为0.41~0.62mg/L，矿泉水类型为锶型。

另外，在盘山后山锰硼矿和花岗岩接触带，曾有民井水质达到了偏硼酸矿水标准，具有一定的医疗作用。

3 矿产资源篇

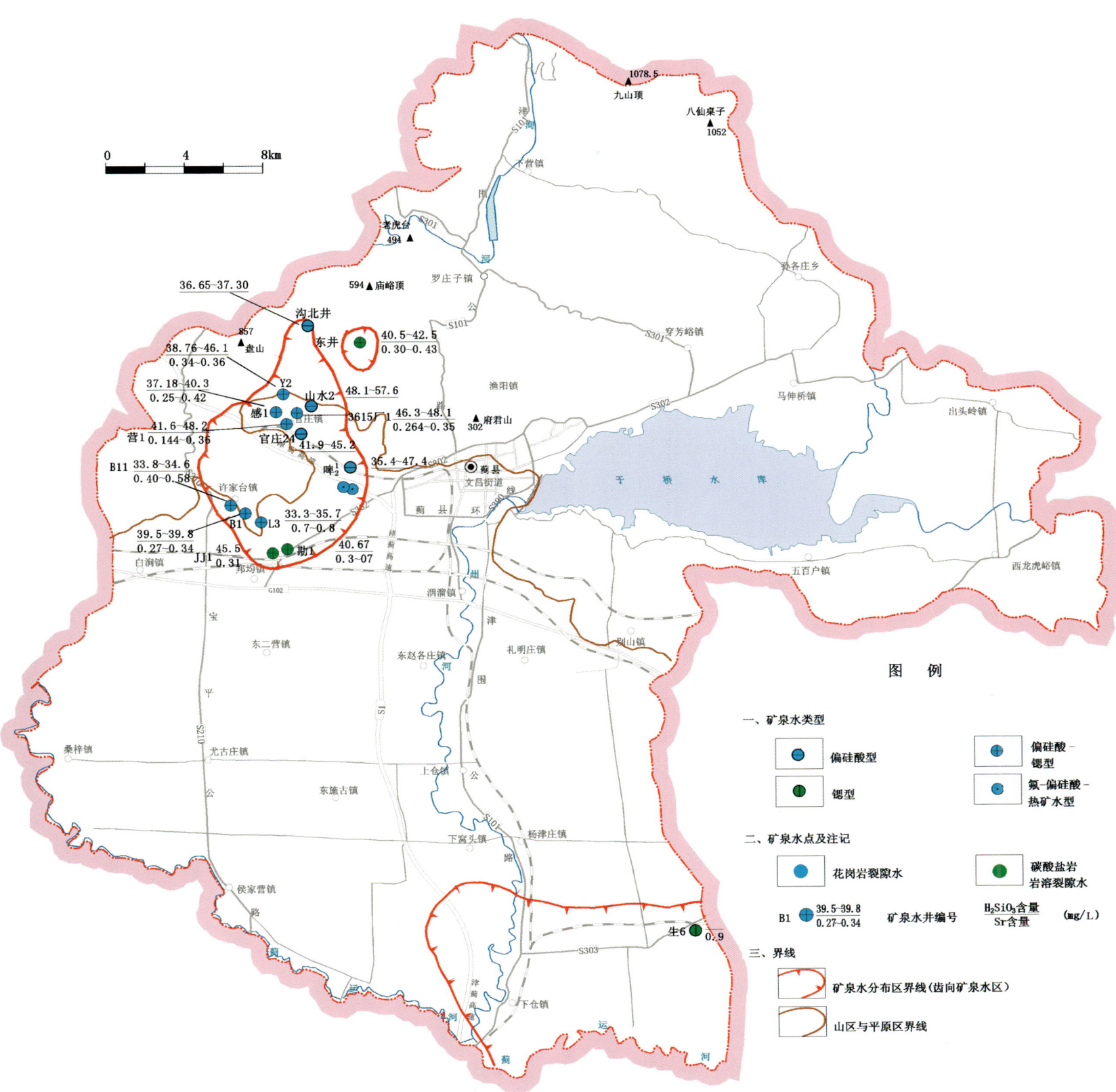

蓟县矿泉水分布图

3.6 蓟县矿产资源开发利用现状图

本图反映蓟县所有矿产资源开发利用情况。将开发利用情况分为3种类型：开采矿山、停采矿山、未利用矿山。以点状符号形式表示，矿床点中心坐标表示矿产分布位置，以点图元大小表示矿床规模。数据截至2011年。

蓟县各类矿床共有70个，2011年以后开采的只有1个，为蓟县东营房石灰岩矿（简称：东矿）。该矿为国有矿山，隶属天津市水泥石矿所有；已停采矿山共42个，大多为个体小矿山；未开发利用的矿山共27个。蓟县矿产资源开发利用情况见下图。

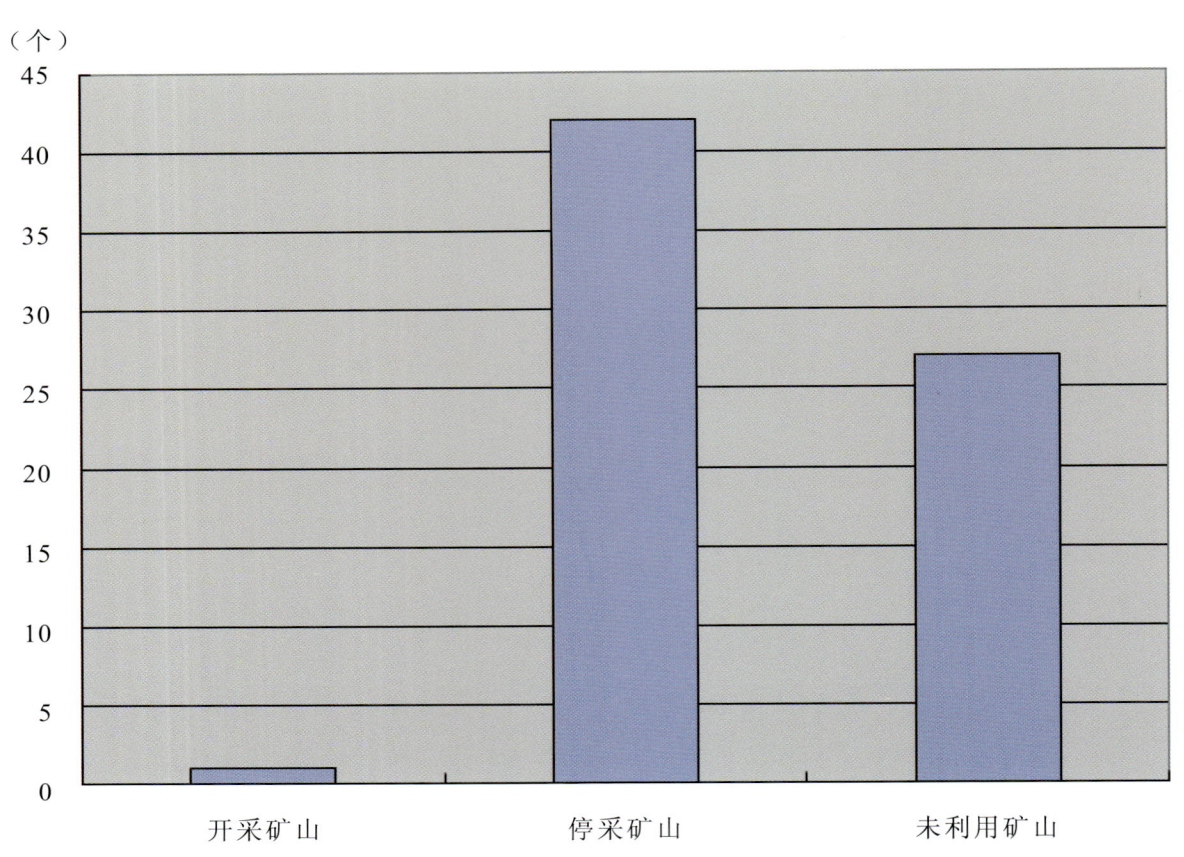

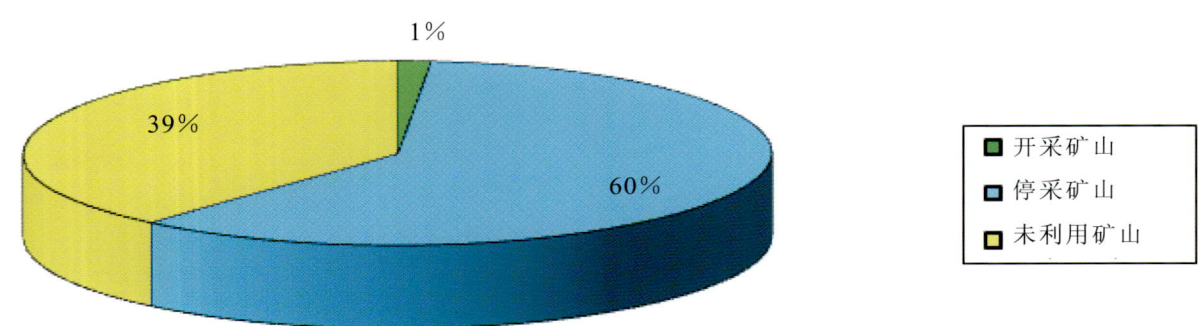

蓟县矿产资源开发利用情况示意图

3 矿产资源篇

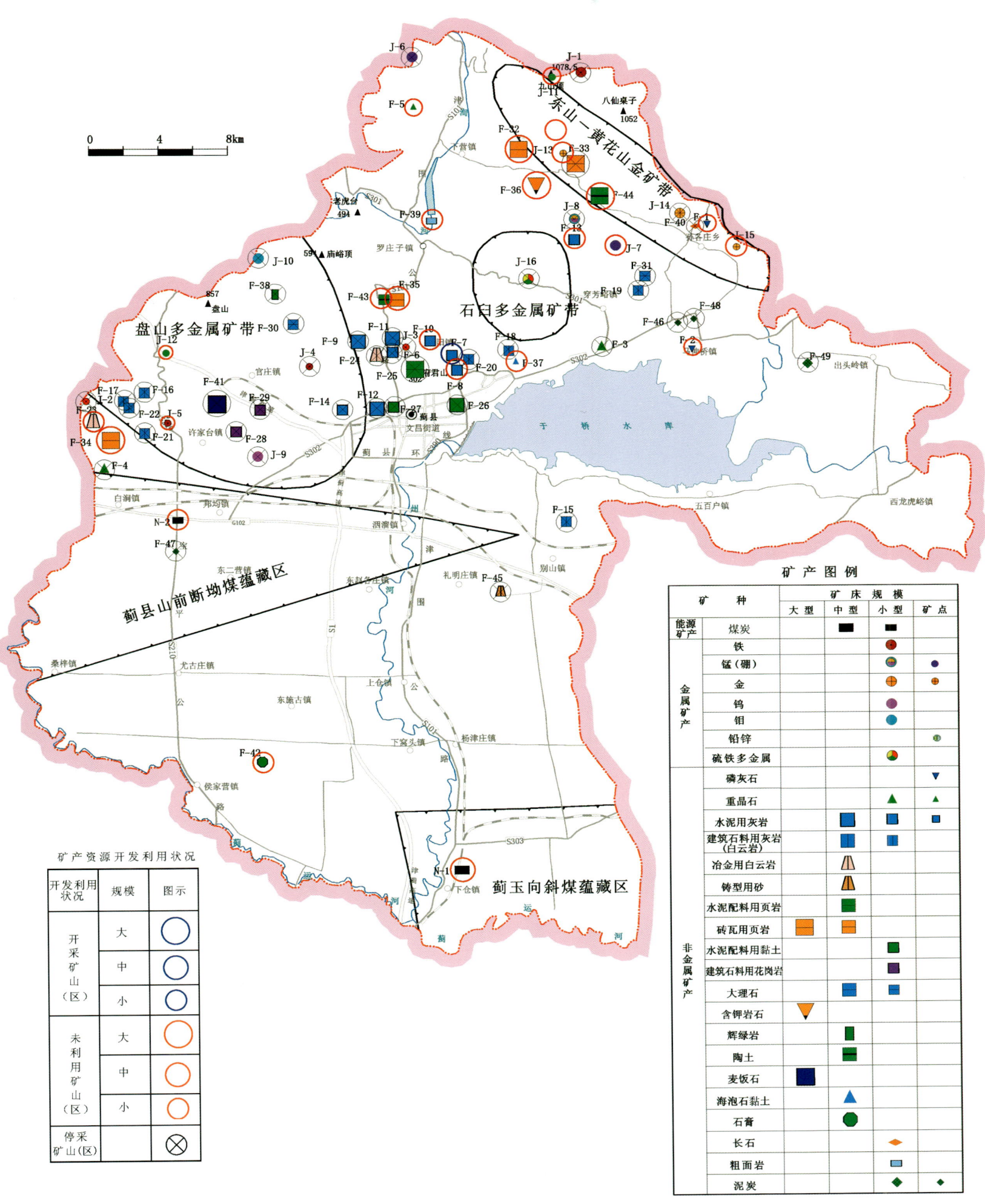

蓟县矿产资源开发利用现状图

4 地质环境篇

4.1 矿山地质环境专题

4.1.1 蓟县矿山分布现状图

主要依据《天津市蓟县矿山地质环境调查与监测》资料编制此图。本图主要应用于地质环境评价和矿产资源评价等工作。

截至 2005 年 12 月,不包括砖瓦用黏土矿山,蓟县共有固体矿山 717 座(由于蓟县砂坑有专门调查成果,此次将 127 个砂坑作为一座矿山统计,其涉及的矿山面积、占用破坏土地面积等地质环境要素均按 127 个砂坑总和进行汇总)。

矿山的分布受地层岩性特征和矿产资源分布的控制,一般来说,在矿体(带)发育区的沟谷两侧或山坡上是矿山集中分布带,下营镇分布矿山 424 座,许家台乡 71 座,白涧镇 43 座,城关和官庄镇各 39 座,别山镇 32 座,罗庄子镇 19 座,其他各乡镇 50 座。

矿山涉及 4 类 13 种矿产,黑色金属矿山 454 座,贵金属矿山 12 座,建材及其他非金属矿山 250 座,化工原料非金属矿山 1 座;露天开采的矿山 250 座,硐井开采的矿山 467 座;2006 年以前的废弃矿山 590 座,2006—2008 年关闭的矿山企业 126 家,目前开采的矿山企业 1 家,如下表所示。

蓟县固体矿山基本情况表

矿类		矿种	矿山生产现状			矿山开采方式		合计 (座)
			废弃矿山 (座)	关闭矿山 (座)	生产矿山 (座)	露天	硐井	
金属矿产	黑色金属	铁矿	12	1	0	5	8	13
		锰矿	441	0	0	0	441	441
	贵金属	金矿	11	1	0	0	12	12
非金属矿产	建材及其他 非金属矿产	建筑用白云岩	84	100	0	184	0	184
		建筑用花岗岩	11	6	0	17	0	17
		建筑用辉绿岩	2	1	0	3	0	3
		玻璃用大理岩	5	1	0	1	5	6
		玻璃用石英岩	0	1	0	1	0	1
		水泥用石灰岩	2	3	1	6	0	6
		制灰用石灰岩	17	11	0	28	0	28
		砖瓦用页岩	3	1	0	4	0	4
		建筑用砂	1	0	0	1	0	1
	化工原料 非金属矿产	硫铁矿	1	0	0	0	1	1
合计			590	126	1	250	467	717

4 地质环境篇

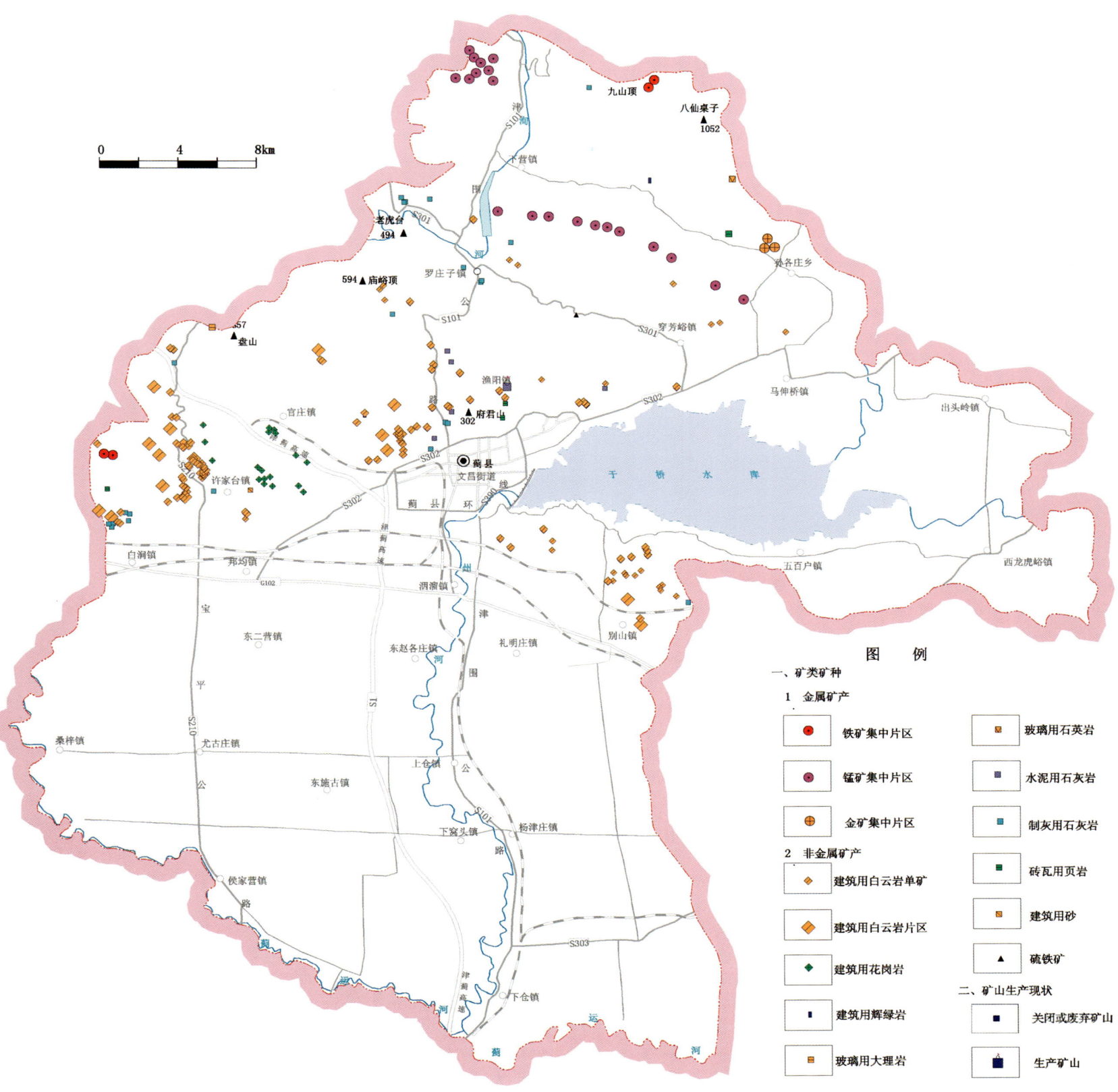

蓟县矿山分布现状图

4.1.2 蓟县矿山地质环境现状图

由于早期矿业开发技术水平落后,地质环境保护意识不足,矿山开采给矿区及周边地区地质环境带来了一定的破坏,降低了人居环境质量,也制约了矿业开采和当地经济的可持续发展。

矿山开采导致的地质环境问题主要有两个方面。其一,占用大量土地和破坏植被;其二,诱发崩塌、滑坡等次生地质灾害。主要依据《天津市蓟县矿山地质环境调查与监测》资料编制此图。本图主要应用于地质环境评价和环境保护等工作。

1. 占用土地破坏植被

矿产资源开发占用和破坏土地资源的形式,主要包括采场占地、废渣占地、道路及厂房占地等。其中绝大部分为荒地,耕地和林地较少。截至 2005 年底,蓟县各类固体矿山(不含砖瓦黏土矿山)总面积 1649.92 公顷(1 公顷 = $10^4 m^2$),矿山占用土地与破坏植被资源 1644.46 公顷,其中耕地 29.63 公顷,林地 2.35 公顷,草地 0.42 公顷,其他土地 1612.06 公顷,见下表。

矿山占用破坏土地情况统计表(截至 2005 年)

土地类型 矿山类型	耕地 (公顷)	林地 (公顷)	草地 (公顷)	其他 (公顷)	小计(公顷)
露天矿山	29.63	1.41	0.42	1612.06	1643.52
硐井矿山	0	0.94	0	0	0.94
合计	29.63	2.35	0.42	1612.06	1644.46

2. 诱发崩塌、滑坡等次生地质灾害(隐患)

截至 2009 年底,蓟县共发生矿山次生地质灾害 9 起,其中大型 2 起,中型 4 起,小型 3 起。直接经济损失 306 万元。

由采矿引起的滑坡主要分布在蓟县渔阳镇、蓟县官庄镇和蓟县罗庄子镇一带。据不完全统计,蓟县采矿诱发的滑坡 5 处,其中,大型滑坡 1 处,中型滑坡 3 处,小型滑坡 1 处。由采矿引起的崩塌主要分布在蓟县渔阳镇、蓟县白涧镇、蓟县罗庄子镇矿山集中开采区。据不完全统计,蓟县已经发生矿山崩塌 4 处,其中大型、中型各 1 处,小型 2 处,直接经济损失 105 万元,见下表。

蓟县矿山地质灾害基本情况统计表

灾害类型	发生时间	发生地点	规模	经济损失(万元)
滑坡	1991.10	蓟县渔阳镇	中型	1
	2003.10	蓟县罗庄子镇	中型	0
	2005.2	蓟县官庄镇	中型	0
	2005.7	蓟县渔阳镇	小型	0
	2008.1.13	蓟县白涧镇	大型	200
崩塌	1985.8	蓟县渔阳镇	小型	5
	不详	蓟县渔阳镇	中型	50
	2004.11	蓟县白涧镇	大型	50
	2005.8	蓟县罗庄子镇	小型	0
合计		9 起		306

4 地质环境篇

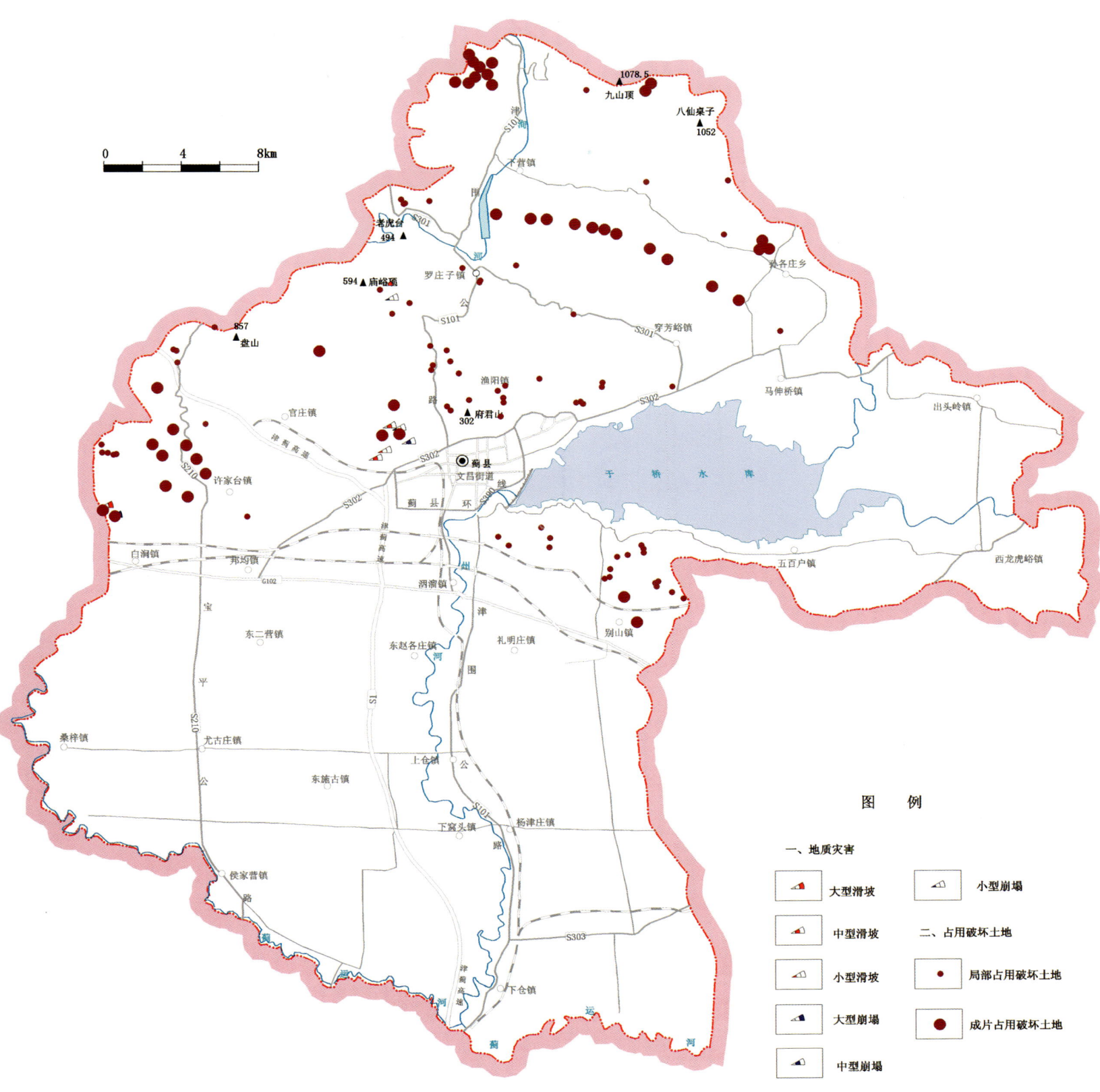

蓟县矿山地质环境现状图

4.1.3 蓟县矿山地质环境综合评估分区图

根据矿山地质环境质量影响因素存在差异及可分层次的实际情况,采用加权指数法作为矿山地质环境综合评估模型。经过图层叠加和处理,形成矿山地质环境综合评估分区图。分区结果:评估区面积741.46km²,其中,严重区7处,面积83.80km²,占评估区面积的11.30%;较严重区4处,面积39.91km²,占评估区面积的5.38%;其他地区为一般区,面积617.75km²,占评估区面积的83.32%。主要依据《天津市蓟县矿山地质环境调查与监测》资料编制此图。本图主要应用于地质环境评价工作。

矿山地质环境严重区主要集中分布在蓟县渔阳镇、官庄镇、白涧镇、罗庄子镇、许家台镇和别山镇一带,全部为露天矿山,矿山多集中分布,矿山开采对地质环境造成的影响比较强烈,该区域内大多数矿山分布于地质灾害中易发区,地质环境背景条件相对比较脆弱,尤其是山区本身具有一定的地形坡度,土壤层较薄,所产生的次生地质灾害如崩塌、滑坡等时有发生,矿山基岩裸露,岩石坚硬,复植困难,恢复治理难度较大,需要投入资金较多。较严重区主要分布在下营镇、穿芳峪镇等废弃矿井集中分布地带,矿井多沿矿脉走向集中分布,矿井占用土地,破坏植被,治理难度相对较小。一般区内小型矿山数量少,分布比较分散,规模小,无重大地质环境问题,见下表。

天津市蓟县矿山地质环境质量综合评估分区结果

环境质量分区	分区代码	位置	面积(km²)	主要特征描述
严重区	Ⅰ-01	蓟县白涧镇五百户村北	6.95	区域内集中分布小型矿山34座,主要开采建筑用白云岩,矿山总面积37.53公顷,采空区面积9.14公顷,占用破坏土地37.53公顷,区内曾发生大型崩塌和大型滑坡各1处。矿山全部政策性关闭
	Ⅰ-02	蓟县许家台镇新房子村和白涧镇董家沟一带	16.17	区域内集中分布小型矿山67座,开采建筑用白云岩为主,矿山总面积131.15公顷,采空区面积16.54公顷,占用破坏土地131.15公顷。矿山全部政策性关闭
	Ⅰ-03	蓟县官庄镇—许家台镇	9.27	建筑用砂采挖区(约120多个废弃砂坑),同时分布小型建筑用花岗岩矿山15座,矿山总面积847.23公顷,采空区面积806.04公顷,占用破坏土地847.23公顷。矿山全部政策性关闭
	Ⅰ-04	蓟县城关天津市石矿—老虎顶一带及官庄东后子峪—狐狸峪一带	17.51	区域内分布矿山45座,其中,小型建筑用白云岩矿山38座,大型1座,小型石灰岩矿山6座。矿山总面积125.47公顷,采空区面积71.25公顷,占用破坏土地125.47公顷。曾发生中型滑坡2处,中型崩塌1处,小型滑坡、小型崩塌各1处。除天津市石矿年开采量约200×10⁴t外,其余矿山均关停。由于位于蓟县县城周边,严重影响城市形象
	Ⅰ-05	蓟县罗庄子镇铁岭村一带及城关镇府君山以东	9.89	区域内分布矿山12座,以水泥用石灰岩为主,其中,大型矿山1座,即天津市水泥石矿,年开采矿石约200×10⁴t,其余矿山均已关闭。矿山总面积174.09公顷,采空区面积24.49公顷,占用破坏土地174.09公顷
	Ⅰ-06	蓟县罗庄子镇羊场村一带	3.09	区域内分布小型建筑用白云岩矿山3座,石灰岩矿山3座,曾发生中型滑坡1处,小型崩塌1处
	Ⅰ-07	蓟县别山镇	20.92	集中分布小型建筑用白云岩矿山41座,矿山总面积67.88公顷,采空区面积19.68公顷,占用破坏土地67.88公顷,现已全部政策性关闭
较严重区	Ⅱ-01	蓟县官庄镇双安村一带	1.01	区域内分布矿山8座,其中3座为建筑用白云岩,5座为侗采的建筑用大理岩。破坏土地和植被。均已废弃
	Ⅱ-02	于桥水库南岸蓟县城关以东及穿芳峪镇毛家峪一带	9.34	区域内分布矿山8座,均为露天开采的建筑用白云岩废弃矿山。破坏土地和植被
	Ⅱ-03	罗庄子镇周围、下营镇张家峪—桑树庵、穿芳峪镇东水厂—新水厂	25.03	区域内分布小型废弃石灰岩矿山11座,废弃锰矿矿硐(井)136个,破坏土地和植被
	Ⅱ-04	蓟县下营镇前干涧村	4.53	区域内分布废弃锰矿矿硐(井)301个,破坏土地和植被
一般区	Ⅲ-01	其他未圈定区域	617.75	区域内分布废弃矿井30个,小型露天非金属矿山12座,矿山分散分布,无重大地质环境问题

4 地质环境篇

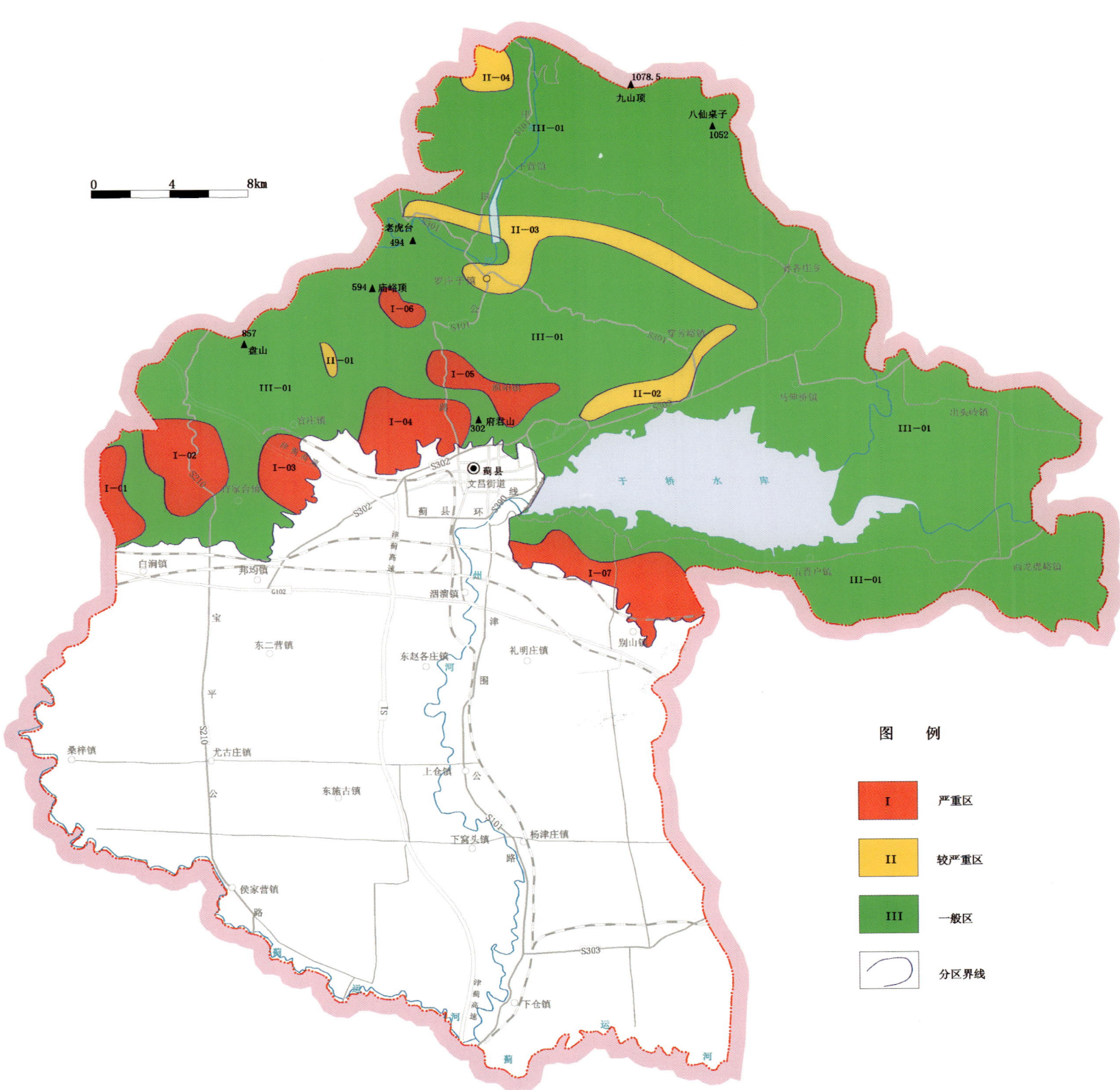

蓟县矿山地质环境综合评估分区图

4.1.4 蓟县矿山地质环境保护与整治分区图

矿山地质环境保护方面,在天津市范围内共划定5个禁采区,面积222.13km²。5个禁采区均分布在天津市蓟县山区,作为天津市矿山地质环境重点保护地区。根据国家土地政策和天津市土地资源相对紧张的实际情况,所有其他地区均划定为限采区,面积11 697.57km²,见下表。

天津市矿山地质环境保护禁采区一览表

序号	禁采区性质及名称	地理位置	面积(km²)	备注
B-01	天津市八仙山自然保护区禁止开采区	天津市蓟县北部下营镇八仙山	10.49	
B-02	天津蓟县国家地质公园中上元古界剖面保护区禁止开采区	天津市蓟县北部国家地质公园内	9.00	
B-03	天津市盘山风景名胜区禁止开采区	天津市蓟县西部盘山核心保护区	106.00	
B-04	天津市九龙山森林公园禁止开采区	天津市蓟县北部九龙山森林公园保护区	7.59	包括禁止开采的锰方硼石矿保护区
B-05	天津市引滦水源地禁止开采区	天津市蓟县于桥水库周边	89.05	
合计			222.13km²	

矿山地质环境整治方面,结合《天津市矿产资源总体规划(2008—2015)》《天津市蓟县矿产资源规划(2006—2015)》,以矿山地质环境调查成果为依据,将天津市矿山地质环境整治划分为亟待恢复治理区、一般恢复治理区和加强保护区3种。

(1)亟待恢复治理区:城市周边和交通干道直观可视范围内矿山地质环境破坏严重并已造成不良影响、近期内急需恢复治理的区域。共划定亟待恢复治理区3处,均位于蓟县县城周围,面积约5.53km²,见下表。

天津市矿山地质环境亟待恢复治理区一览表

序号	整治区名称	地理位置	面积(km²)	备注
H-01	蓟县城关镇老虎顶矿区生态环境亟待恢复治理区	天津市蓟县县城北1km	0.81	闭坑矿区
H-02	蓟县渔山矿生态环境亟待恢复治理区	天津市蓟县县城西1km	0.24	闭坑矿区
H-03	天津市石矿及大星峪闭坑矿山生态环境亟待恢复治理区	天津市蓟县县城西2~3km	4.48	除天津石矿外全部闭坑

(2)一般恢复治理区:矿山地质环境破坏比较严重、需要恢复治理但可适当延缓治理的区域。共划定一般恢复治理区2处,分别是官庄镇砂坑采空区和罗庄子镇西闭坑矿山分布区,面积约13.74km²,见下表。

天津市矿山地质环境恢复治理区一览表

序号	整治区名称	地理位置	面积(km²)	备注
Y-01	蓟县官庄镇采砂坑生态环境恢复治理区	天津市蓟县官庄镇—许家台乡一带	13.19	全部闭坑
Y-02	蓟县罗庄子矿山生态环境恢复治理区	天津市蓟县罗庄子镇	0.55	全部闭坑

(3)加强保护区:目前矿山破坏程度较小但地质环境背景较脆弱或处在地质灾害易发的区域,同时考虑未来矿业活动加强并易造成地质环境破坏的区域。本次工作将蓟县山区及山前地带除亟待恢复治理区和一般恢复治理区以外的地区划定为加强保护区,面积821.03km²。

主要依据《天津市矿山环境保护与治理规划(2006—2015)》资料编制此图。本图主要应用于环境保护工作。

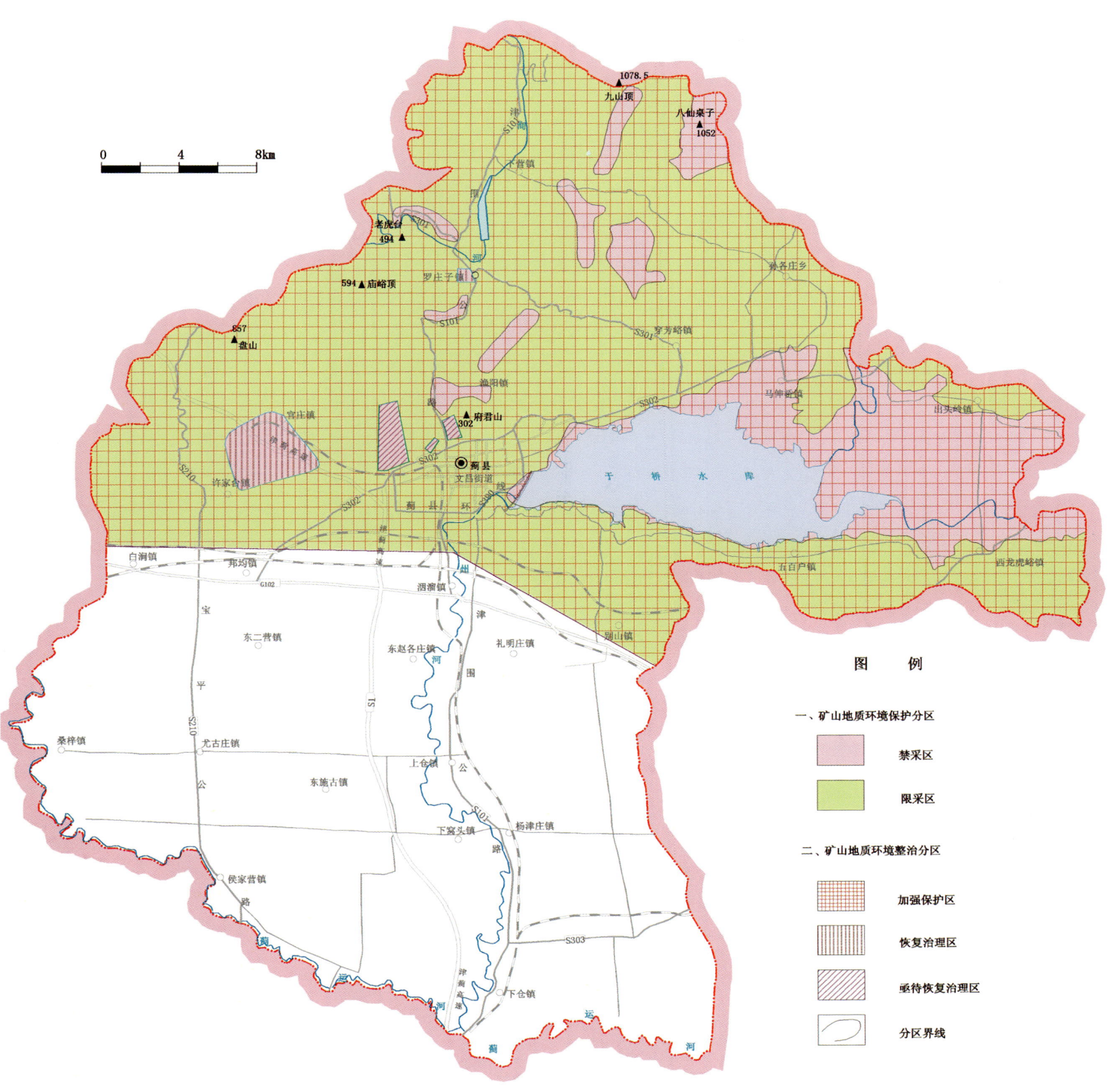

蓟县矿山地质环境保护与整治分区图

4.2 地质灾害专题

4.2.1 蓟县地质灾害情况简介

伴随着以往北部山区矿山的开采和南部平原地下水的过量开采,地质灾害的隐患日益显露出来。从20世纪90年代开始,本区的滑坡、崩塌、泥石流、地面塌陷、地裂缝等地质灾害的隐患越来越引起天津市政府的重视。

1958年7月11～14日,全县普降大雨,山区降水量在500mm以上,发生山啸、泥石流481处,冲毁山区小水库多座,受灾519个村,33.39万人,受灾农田100万亩;庄果峪村西山体陡坡的后缘发育张性断裂,曾多次发生岩块崩塌,淤塞河道,压毁民房。1991年10月29日,蓟县城关以西五名山南麓采石场发生一处较大型滑坡,所幸未造成人员伤亡;白涧—刘吉素、许家台—大石峪、于桥水库以南的翠屏山—别山一带的采石场比比皆是,道路两侧处处可见采场的高陡边坡和弃渣堆,如至汛期,极易导致崩滑流等地质灾害的发生。1996年7月底至8月初,连降暴雨,山洪冲垮了沟河上游的下营桥,津围公路小岭子到黄崖关沿线发生多处崩滑,在黄崖关北与兴隆交界处,山洪夹着碎石形成的泥石流冲向路基,将四五米的路面冲垮,路基被淘空2m。

1992年,天津市地质环境监测总站和蓟县矿产资源管理局共同对蓟县城西五名山南麓采石场发生的一起较大型的滑坡灾害进行调查,并提交《天津市蓟县五名山滑坡调查报告》。1992—1993年,中国水文地质工程地质勘察院牵头,天津市地质环境监测总站实施,对天津市地质灾害现状进行调查,并提交《天津市地质灾害现状调查报告》,对天津市地质灾害现状进行了初步总结。1999—2002年,天津市地质工程勘察院城市地质研究所对蓟县山区危岩体进行了详细的调查与研究。2002—2003年,在中国地质环境监测院的组织下,天津市地质环境监测总站开展了"天津市蓟县山区地质灾害调查与区划(1∶10万)"工作,确定了主要地质灾害类型及其分布特点,进行了地质灾害易发程度分区和经济损失初步评估。2004年天津市规划和国土资源局进行了"天津市地质灾害防治规划(2004—2020)"编制工作。2004—2006年天津市地质调查研究院进行了"天津市矿山环境调查与评估"工作。2007年天津市国土资源和房屋管理局制订并出台了"天津市矿山环境保护与治理规划(2006—2015)"。2008年天津市国土资源和房屋管理局制订了"天津市废弃矿井治理工作实施方案"。2009—2013年,天津市地质环境监测总站开展了"天津市地质环境监测"项目专题"地质灾害监测巡查"等工作。

2012—2013年,天津市地质环境监测总站开展了"天津蓟县北部山区1∶5万地质灾害调查评价"工作,完成蓟县北部山区1∶5万地质灾害调查面积840.3km²,根据野外实地调查,在蓟县北部山区共发现突发性地质灾害175处,其中崩塌106处,滑坡54处,泥石流15处。查清了地质灾害分布规律,进行了地质灾害稳定性或易发性评价,开展了地质灾害危害程度和经济损失评价,进行了地质灾害易发性和危险性区划,进行了地质灾害防治分区评价,提出了地质灾害防治建议,开展了矿山环境综合评估,并建立了地质灾害调查数据库。

4.2.2 蓟县地质灾害分布图

根据野外实地调查,蓟县北部山区共发现突发性地质灾害隐患175处,其中崩塌106处,滑坡54处,泥石流15处。崩塌、滑坡、泥石流分别占灾害点总数的60%、31%和9%。灾害隐患点主要为崩塌、滑坡,其次为泥石流,按规模统计,以小型为主,特大型1处、占1%,中型6处、占3%,小型168处、占96%。

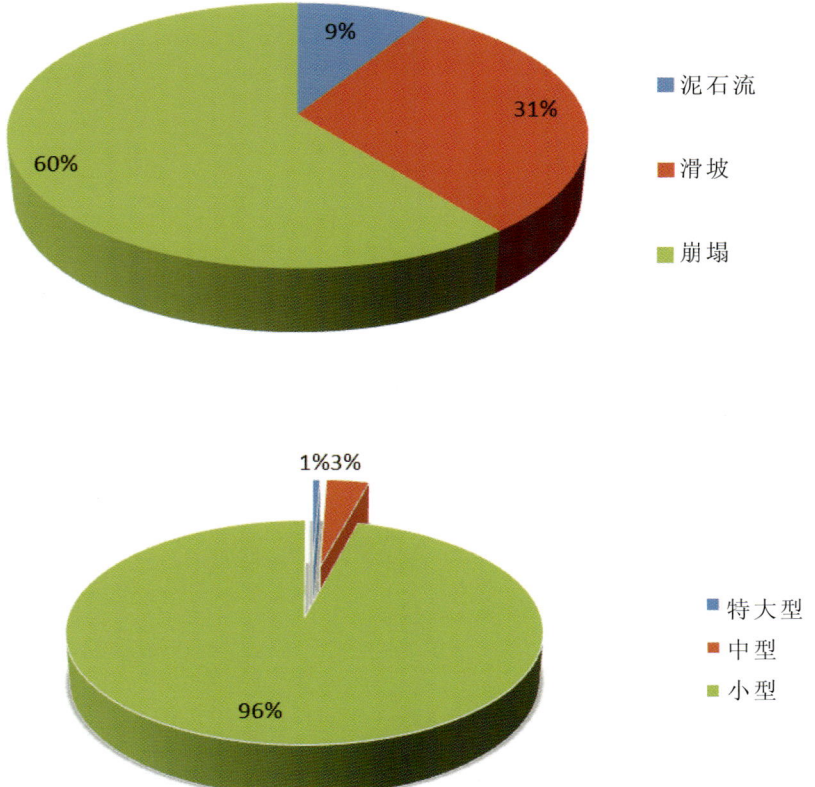

通过调查,蓟县北部山区14个乡镇中除出头岭镇外,其余13个乡镇均有不同程度的地质灾害发育。其中,下营镇、官庄镇、渔阳镇、许家台镇、罗庄子镇较为发育,地质灾害数量均超过18处,最多为下营镇44处,占灾害总数的25%,密度最大为渔阳镇148.10处/100km²。灾害规模均以小型为主;中上元古界自然保护区发现的地质灾害点9处,黄崖关、八仙山等七大景观区内发现的地质灾害点31处,津围、宝平等八条重要交通干线可视范围内发现的地质灾害点52处,新建小区发现的地质灾害隐患点17处;北部及西部中低山区易发生崩滑流灾害,灾害点分布21处,灾害分布密度为47处/100km²,低山丘陵地区,灾害点分布140处,灾害分布密度29处/100km²,山间盆地分布的灾害点有4处,灾害点主要分布在中低山区和低山丘陵区;坚硬层状白云岩、白云质灰岩岩组分布的地质灾害点106处,坚硬块状花岗岩、正长岩、火山岩岩组分布21处,坚硬砂砾岩、石英岩状砂岩组分布15处,黏土、砂土互层岩组分布15处,较坚硬层状页岩岩组分布9处,黄土状土岩组分布5处,卵砾石土岩组分布3处,坚硬块状片麻岩组分布1处。

地质灾害发生时间上,多集中于每年的7~9月,多与降暴雨有关,其次在寒冷的冬季和冰雪初融的春季,多与冰劈、冻胀和水压力增大有关;空间分布上主要分布于北部、西部、东部和中部的中低山、低山丘陵地带,主要与地形地貌相关的乡镇有下营镇、白涧镇、官庄镇、罗庄子镇等,主要与人类工程活动相关的乡镇有官庄镇、白涧镇、渔阳镇、穿芳峪镇等,地质灾害在南部和东南部少有分布,主要与其所处的山间盆地地貌有关;在高程100~450m范围内地质灾害的数量随高程的增大而增多,在高程小于100m及450~600m范围内地质灾害数量相对减少,这与人类工程活动程度有关;滑坡多发生在31°~45°的斜坡,崩塌多发生在70°~85°的坡度;地质灾害多分布于坚硬块状白云岩、白云质灰岩岩组,分布数量106处,占灾害点总数的60%;岩质地质灾害构造多为单斜构造,数量78处,占岩质地质灾害数量的52%,其次是断裂构造41处,占岩质地质灾害数量的27%;层状岩质滑坡分布的斜坡结构类型以顺向坡为主,层状岩质崩塌分布的斜坡结构类型以斜向坡为主。

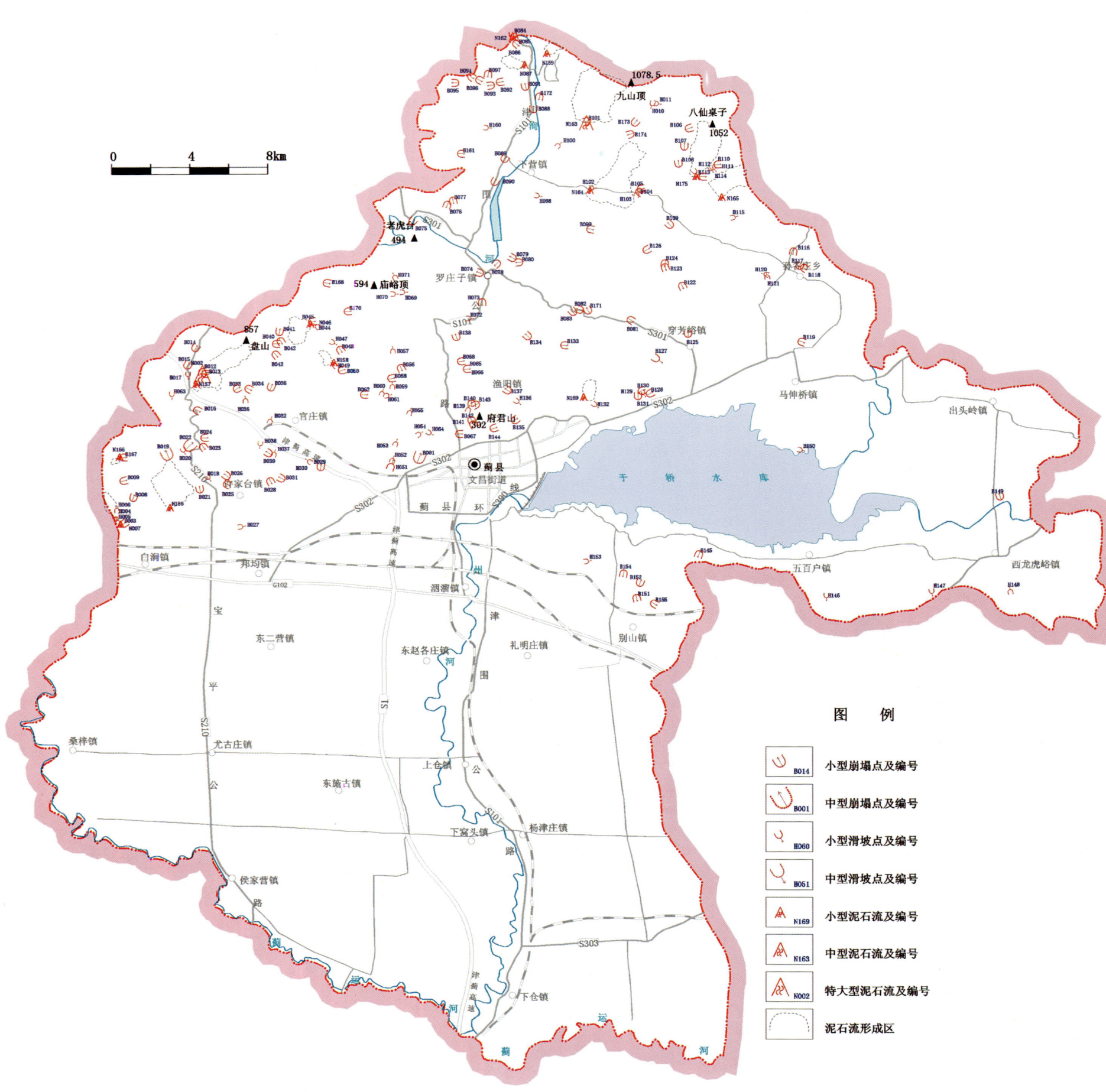

蓟县地质灾害分布图

4.2.3 蓟县地质灾害易发区划图

4.2.3.1 地质灾害高易发区（Ⅰ）

1. 黄崖关—前干涧—石炮沟高易发亚区（Ⅰ-1）

该区位于蓟县山区最北端，面积17.80km²。本区地形地貌类型为中低山，海拔一般大于500m，分布的主要断裂为黄崖关断裂。区内分布的灾情点8处，其中崩塌1处、泥石流7处。

2. 九山顶—梨木台—八仙山高易发亚区（Ⅰ-2）

该区位于蓟县山区东北端，面积32.00km²。本区地形地貌类型为中低山，海拔一般大于500m。分布的灾情点7处，其中崩塌2处、泥石流5处。

3. 西大峪—团山子—刘庄子高易发亚区（Ⅰ-3）

该区位于下营镇，面积16.56km²。本区地形地貌类型为低山丘陵，海拔一般大于300m。区内分布的灾情点4处，其中崩塌1处、滑坡2处、泥石流1处。

4. 磨盘峪—王庄子—半壁山高易发亚区（Ⅰ-4）

该区位于罗庄子镇，面积33.17km²。本区地形地貌类型为低山丘陵，海拔一般大于300m。区内分布的灾情点5处，均为泥石流。

5. 盘山及周边高易发亚区（Ⅰ-5）

该区位于盘山周边，面积52.81km²。本区地形地貌类型为中低山和低山丘陵，海拔一般大于300～800m，区内分布的灾情点18处，其中崩塌、滑坡各3处，泥石流12处。

6. 西五百户—庄果峪—董家沟高易发亚区（Ⅰ-6）

该区位于白涧镇一带，面积29.50km²。本区地形地貌类型为低山丘陵，海拔一般大于300m，区内分布的灾情点7处，其中崩塌、滑坡各3处，泥石流1处。

7. 五名山—大星峪—西井峪高易发亚区（Ⅰ-7）

该区位于渔阳镇一带，面积20.18km²。本区地形地貌类型为低山丘陵，海拔一般小于300m，区内分布的灾情点9处，其中崩塌5处、滑坡3处、泥石流1处。

4.2.3.2 地质灾害中易发区（Ⅱ）

1. 于桥水库北中易发亚区（Ⅱ-1）

面积291.04km²。地貌类型为低山丘陵。区内灾情点6处，其中崩塌1处、泥石流5处。

2. 于桥水库南中易发亚区（Ⅱ-2）

面积93.28km²。地貌类型为低山丘陵。区内灾情点2处，其中崩塌、泥石流各1处。

4.2.3.3 地质灾害低易发区（Ⅲ）

其他地区，面积1003.88km²。地貌类型为山间盆地、平原和洼地。区内除出头岭镇南分布有地裂缝外，无其他灾情点。

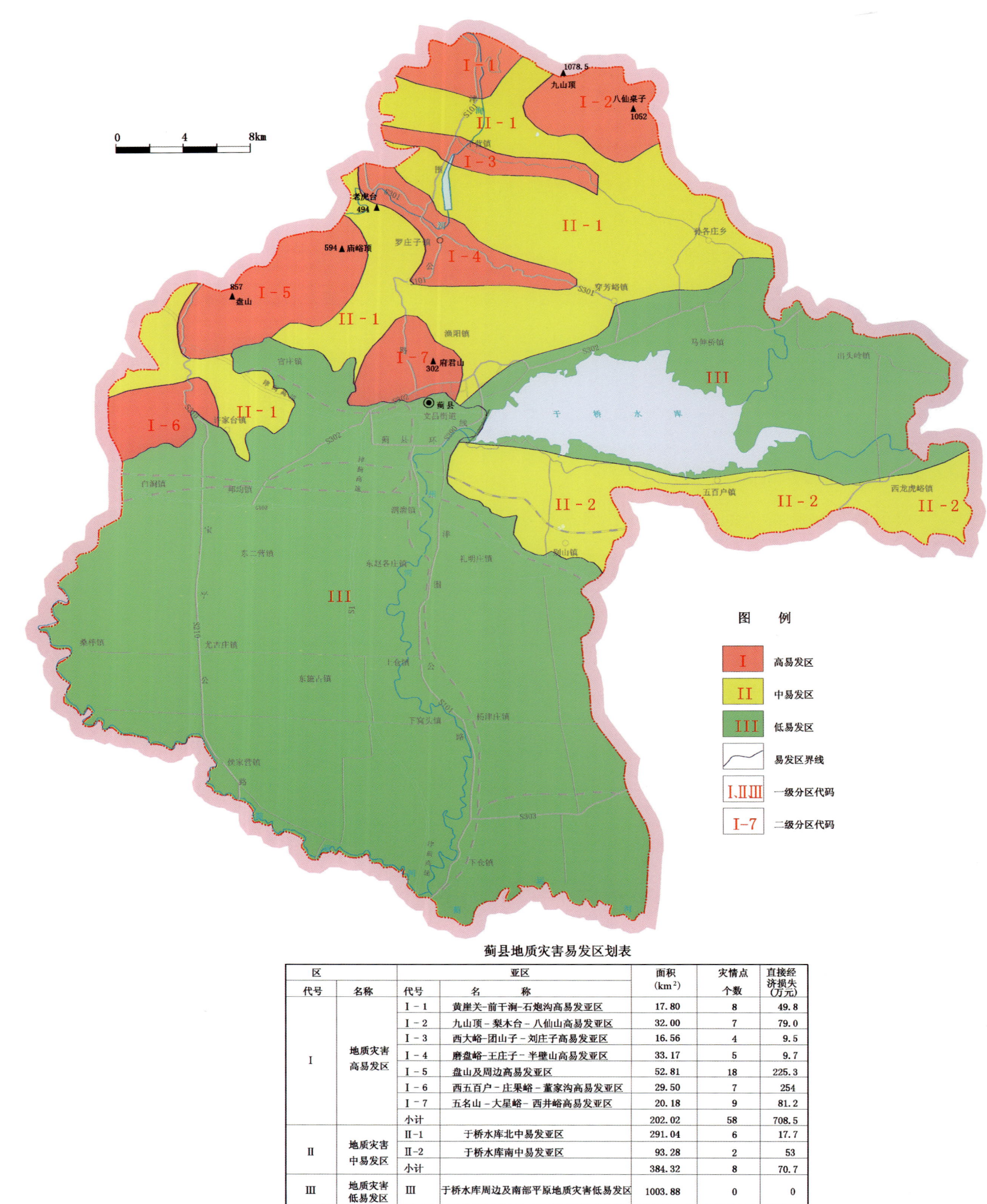

蓟县地质灾害易发区划表

区		亚区		面积 (km²)	灾情点个数	直接经济损失(万元)
代号	名称	代号	名称			
I	地质灾害高易发区	I-1	黄崖关-前干涧-石炮沟高易发亚区	17.80	8	49.8
		I-2	九山顶-梨木台-八仙山高易发亚区	32.00	7	79.0
		I-3	西大峪-团山子-刘庄子高易发亚区	16.56	4	9.5
		I-4	磨盘峪-王庄子-半壁山高易发亚区	33.17	5	9.7
		I-5	盘山及周边高易发亚区	52.81	18	225.3
		I-6	西五百户-庄果峪-董家沟高易发亚区	29.50	7	254
		I-7	五名山-大星峪-西井峪高易发亚区	20.18	9	81.2
		小计		202.02	58	708.5
II	地质灾害中易发区	II-1	于桥水库北中易发亚区	291.04	6	17.7
		II-2	于桥水库南中易发亚区	93.28	2	53
		小计		384.32	8	70.7
III	地质灾害低易发区	III	于桥水库周边及南部平原地质灾害低易发区	1003.88	0	0

蓟县地质灾害易发区划图

4.2.4 蓟县地质灾害危险区划图

4.2.4.1 地质灾害高危险区(A)

1. 黄崖关—前干涧—小西沟高危险亚区(A-1)

该区位于蓟县山区西北端,面积 34.22km²。潜在地质灾害点 18 处,其中崩塌 14 处、滑坡 1 处、泥石流 3 处,体积规模均为小型。威胁人口 127 人,威胁财产 1695 万元。

2. 九山顶—梨木台—八仙山高危险亚区(A-2)

该区位于蓟县山区东北端,面积 45.57km²。潜在地质灾害点 20 处,其中崩塌 10 处、滑坡 7 处、泥石流 3 处,体积规模中型 1 处、小型 19 处。威胁人口 159 人,威胁财产 1985 万元。

3. 盘山及周边高危险亚区(A-3)

该区包括许家台镇、官庄镇和罗庄子镇部分地区,面积 44.50km²。潜在地质灾害点 25 处,其中崩塌 14 处、滑坡 7 处、泥石流 4 处,体积规模特大型 1 处、小型 24 处。威胁人口 184 人,威胁财产 3345 万元。

4. 西五百户—庄果峪—董家沟高危险亚区(A-4)

该区位于白涧镇一带,面积 24.25km²。潜在地质灾害点 19 处,其中崩塌 11 处、滑坡 5 处、泥石流 3 处,体积规模大型 1 处、中型 2 处、小型 16 处。威胁人口 156 人,威胁财产 1469 万元。

5. 五名山—大星峪—西井峪高危险亚区(A-5)

该区位于渔阳镇一带,面积 20.32km²。潜在地质灾害点 19 处,其中崩塌 10 处、滑坡 9 处,体积规模中型 2 处、小型 17 处。威胁人口 59 人,威胁财产 445 万元。

6. 毛家峪—桃花寺—夏庄子高危险亚区(A-6)

该区包括穿芳峪镇、渔阳镇部分地区,面积 28.82km²。潜在地质灾害点 12 处,其中崩塌 8 处、滑坡 3 处、泥石流 1 处,体积规模中型 1 处、小型 11 处。威胁人口 78 人,威胁财产 4560.5 万元。

4.2.4.2 地质灾害中危险区(B)

1. 于桥水库北中危险亚区(B-1)

该区面积 278.53km²。潜在地质灾害点 50 处,其中崩塌 32 处、滑坡 17 处、泥石流 1 处,体积规模均为小型。威胁人口 168 人,威胁财产 1892 万元。

2. 于桥水库南中危险亚区(B-2)

该区包括于桥水库南别山、五百户等区域,面积 60.77km²。潜在地质灾害点 9 处,其中崩塌 5 处、滑坡 4 处,体积规模均为小型。威胁人口 14 人,威胁财产 240 万元。

4.2.4.3 地质灾害低危险区(C)

其他地区,面积 1053.24km²。潜在地质灾害点 3 处,其中崩塌 2 处、滑坡 1 处,体积规模均为小型。威胁人口 9 人,威胁财产 90 万元。

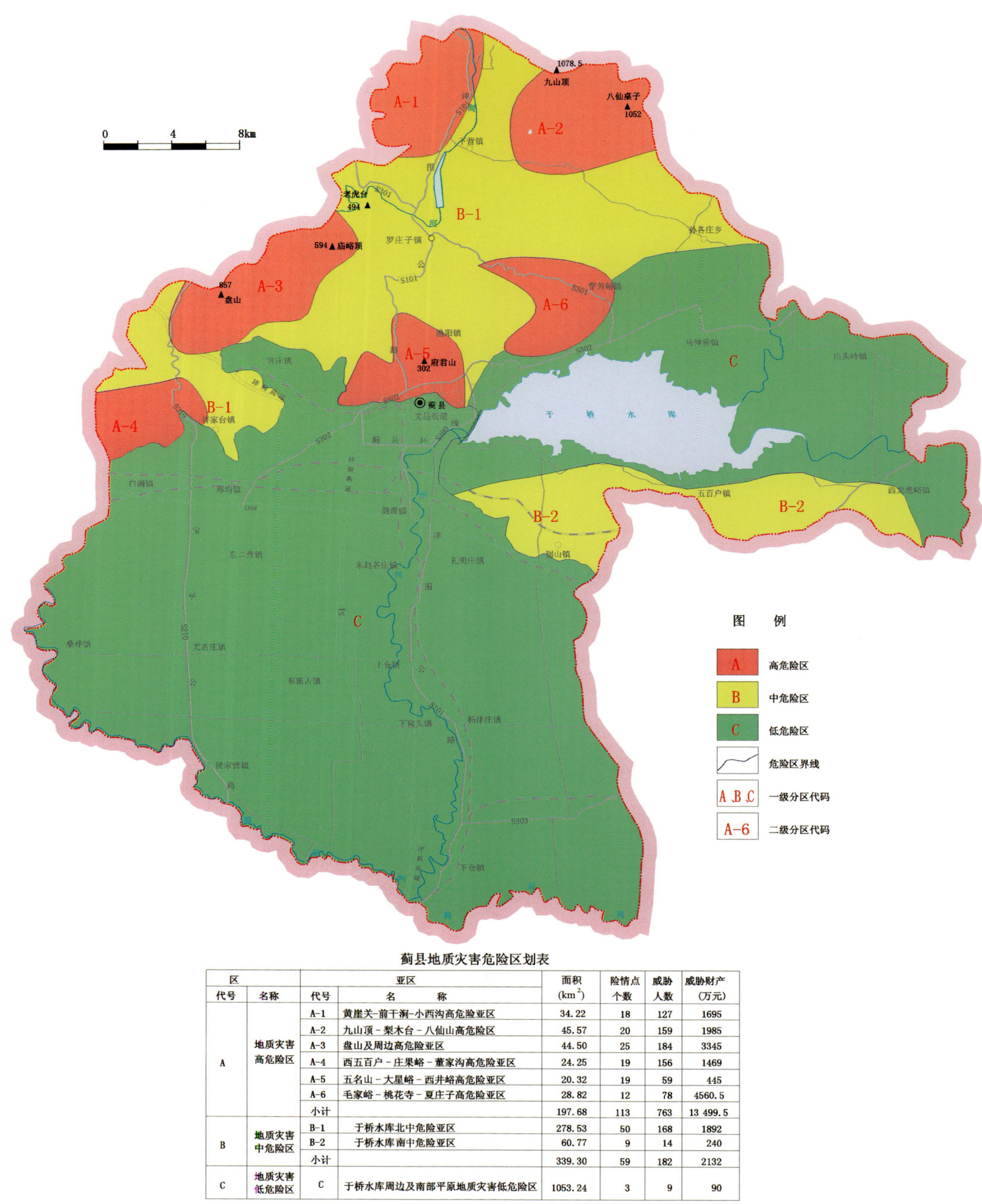

蓟县地质灾害危险区划表

区		亚区		面积 (km²)	险情点个数	威胁人数	威胁财产 (万元)
代号	名称	代号	名称				
A	地质灾害高危险区	A-1	黄崖关-前干涧-小西沟高危险亚区	34.22	18	127	1695
		A-2	九山顶-梨木台-八仙山高危险亚区	45.57	20	159	1985
		A-3	盘山及周边高危险亚区	44.50	25	184	3345
		A-4	西五百户-庄果峪-董家沟高危险亚区	24.25	19	156	1469
		A-5	五名山-大星峪-西井峪高危险亚区	20.32	19	59	445
		A-6	毛家峪-桃花寺-夏庄子高危险亚区	28.82	12	78	4560.5
		小计		197.68	113	763	13 499.5
B	地质灾害中危险区	B-1	于桥水库北中危险亚区	278.53	50	168	1892
		B-2	于桥水库南中危险亚区	60.77	9	14	240
		小计		339.30	59	182	2132
C	地质灾害低危险区	C	于桥水库周边及南部平原地质灾害低危险区	1053.24	3	9	90

蓟县地质灾害危险区划图

4.2.5 蓟县地质灾害防治分区图

4.2.5.1 重点防治区(Z)

该区重点防治区分布在下营镇、穿芳峪镇、白涧镇、许家台镇、官庄镇、渔阳镇、罗庄子镇7个乡镇,面积150.20km²,地质灾害共计103处。重点防治区进一步划分为8个亚区。

1. 津围公路、前干涧、庙沟、小平安重点防治亚区(Z-1)

该区面积14.13km²,分布灾害点15处,其中崩塌12处、泥石流3处,规模均为小型。

2. 常州沟、九山顶、梨木台、八仙山重点防治亚区(Z-2)

该区面积32.13km²,分布灾害点15处,其中崩塌8处、滑坡5处、泥石流2处,中型1下、小型14处。

3. 津围公路、苇子峪重点防治亚区(Z-3)

该区位于下营镇,面积4.43km²,分布灾害点2处,均为崩塌,规模均为小型。

4. 团山子、马营公路重点防治亚区(Z-4)

该区位于下营镇,面积3.49km²,分布灾害点5处,其中崩塌2处、滑坡2处、泥石流1处,均为小型。

5. 东井峪、石臼、马平公路、毛家峪重点防治亚区(Z-5)

该区面积11.50km²,分布灾害点6处,其中崩塌5处、滑坡1处,小型5处、中型1处。

6. 许家台、官庄、罗庄子重点防治亚区(Z-6)

该区面积44.11km²,分布灾害点25处,其中崩塌14处、滑坡7处、泥石流4处,巨型1处、小型14处。

7. 五名山、西井峪、桃园重点防治亚区(Z-7)

该区位于渔阳镇,面积16.60km²,分布灾害点16处,其中崩塌和滑坡各8处,中型2处、小型14处。

8. 庄果峪、西五百户、盘龙谷重点防治亚区(Z-8)

该区面积23.81km²,分布灾害点19处,其中崩塌11处、滑坡5处、泥石流3处,中型2处、小型17处。

4.2.5.2 次重点防治区(C)

次重点防治区面积406.84km²,地质灾害共计68处,进一步划分为2个亚区。

1. 于桥水库北部和西部次重点防治亚区(C-1)

该区面积330.96km²,分布灾害点59处,其中崩塌36处、滑坡21处、泥石流2处,均为小型。

2. 于桥水库南部次重点防治亚区(C-2)

该区面积75.88km²,分布灾害点9处,其中崩塌5处、滑坡4处,均为小型。

4.2.5.3 一般防治区(Y)

一般防治区为除重点、次重点防治区外的地区,总面积1022.93km²。地质灾害共计4处,其中崩塌3处、滑坡1处,均为小型。

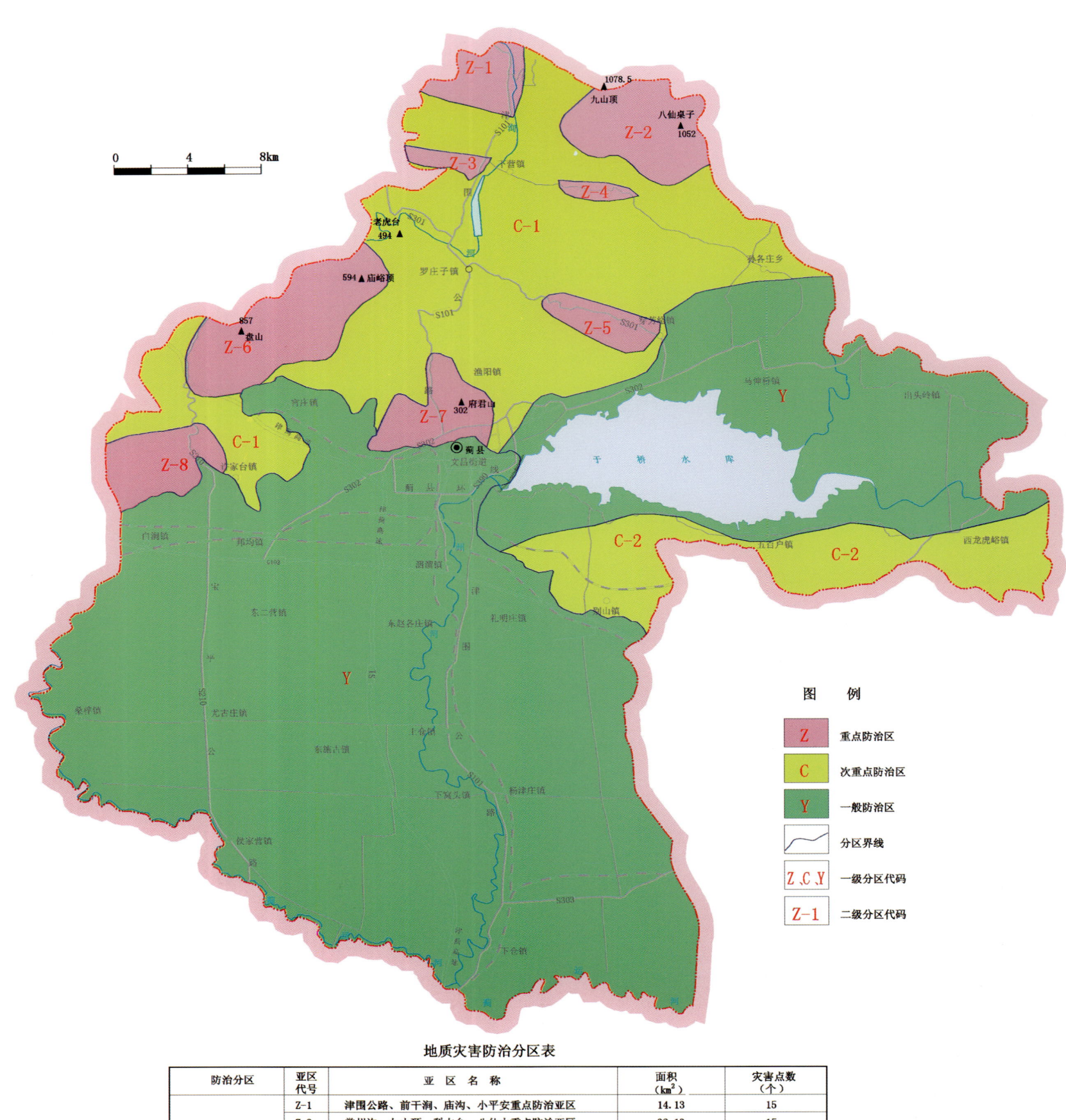

地质灾害防治分区表

防治分区	亚区代号	亚 区 名 称	面积(km²)	灾害点数(个)
重点防治区（Z）	Z-1	津围公路、前干涧、庙沟、小平安重点防治亚区	14.13	15
	Z-2	常州沟、九山顶、梨木台、八仙山重点防治亚区	32.13	15
	Z-3	津围公路、苇子峪重点防治亚区	4.43	2
	Z-4	团山子、马营公路重点防治亚区	3.49	5
	Z-5	东井峪、石白、马平公路、毛家峪重点防治亚区	11.50	6
	Z-6	许家台、官庄、罗庄子重点防治亚区	44.11	25
	Z-7	五名山、西井峪、桃园重点防治亚区	16.60	16
	Z-8	庄果峪、西五百户、盘龙谷重点防治亚区	23.81	19
	小计		150.20	103
次重点防治区（C）	C-1	于桥水库北部和西部次重点防治亚区	330.96	59
	C-2	于桥水库南部次重点防治亚区	75.88	9
	小计		406.84	68
一般防治区（Y）	Y	于桥水库周边及南部平原一般防治区	1022.93	4

蓟县地质灾害防治分区图

5 地质遗迹篇

5.1　地质公园工作情况简介

2001年12月10日,中华人民共和国国土资源部批准(国土资发[2001]388号文)建立蓟县国家地质公园。

2003年进行了"天津蓟县国家地质公园地质遗迹调查研究"工作,初步查清地质遗迹的分布和特征,发现地质遗迹景点86处,并归纳为7个景区,分别对景区和景点进行了系统的描述,建立了地质遗迹电子档案;根据地质遗迹资源情况,将其划分为地层类、构造遗迹类、岩石遗迹类、矿产遗迹类、化石遗迹类、人文遗迹类、地质作用遗迹类、地貌遗迹类、矿物构造类、地质灾害类共10类,并进一步划分出28个亚类。基本概括了公园内所有地质遗迹类型;通过地质遗迹资源综合评价对景区和景点进行分级排序,获得Ⅰ类景区1个、Ⅱ类景区3个、Ⅲ类景区3个,获得Ⅰ类景点12个、Ⅱ类景点19个、Ⅲ类景点11个、Ⅳ类景点27个、Ⅴ类景点17个,为地质公园建设奠定了基础。

2003年对地质遗迹保护和合理开发利用提出了规划方案。对中上元古界自然保护区设立核心区、缓冲区、实验区三级保护范围,厘定了保护措施;提出了地质遗迹资源开发利用规划,包括地质遗迹第二轮调查评价、地质遗迹资源与其他旅游资源的整合、公园主碑和副碑建设、博物馆建设、公园标示系统建设共5个方面。

2005年开展了第二轮"天津蓟县国家地质公园地质遗迹调查与保护"工作,对发现开山采石破坏地质遗迹的现象进行了制止。通过调查舍弃景点3处,新发现地质遗迹20处,使总数达到103处;新增梨木台景区,使景区总数达到8个;重新修订出版《公园简介》和《导游手册》;新建4个景区简介和导游牌。

2006年开展的"天津市蓟县中上元古界国家级自然保护区地质遗迹调查与保护"项目对中上元古界保护区内的地质遗迹进行了普查,并对重要的地质遗迹进行了清整围护。

2007年开展的"府君山景区地质遗迹保护"项目对府君山及其周边的地质遗迹进行了清查,并配合蓟县地质博物馆建设对地质公园整体地质遗迹保护进行宣传,加大了科普力度。

2008年"天津市蓟县中上元古界叠层石地质遗迹保护"项目对地质公园内含叠层石的地层进行了详细调查,采集标本并对叠层石种属进行了分类。

2009—2012年"盘山花岗岩地貌景区地质遗迹保护项目"对盘山景区106km^{2}内地质遗迹进行了详细调查,对87处地质遗迹进行了工程保护。

2010—2012年进行了"天津蓟县国家地质公园地质遗迹保护(标本采集展示及梨木台峰林峡谷景区地质遗迹保护)项目",对梨木台景区7.8km^{2}内地质遗迹进行了详细调查,对32处地质遗迹进行了工程保护,同时,系统采集了蓟县剖面各时代岩性、构造、沉积现象、化石以及有代表性的岩矿石标本,在蓟县国家地质公园地质博物馆展厅内进行展示,对其他展厅进行了改造,并出版了《天津蓟县国家地质公园旅游指南》等图册。

2011—2012年进行了"天津蓟县国家地质公园九山顶石英砂岩峰林景区地质遗迹保护"项目。对九山顶景区30km^{2}内地质遗迹进行了详细调查,对50处地质遗迹进行了工程保护。

5.3 蓟县中上元古界国家自然保护区

天津市蓟县中上元古界国家级自然保护区是我国第一个地质类国家级自然保护区，1984年国务院批准建立，1985年揭碑。保护区北起长城脚下的常州村，南至蓟县县城北部的府君山，长24km，平均宽约350m，面积9km²。景区地貌从北至南分别为中山、中低山、低山、丘陵。保护区除世界罕见的蓟县剖面地质遗迹外，还有雄、险、秀、幽的多种自然景观和神奇的人文景观，具有地质科研、旅游观光等多方面的功能。

天津市蓟县中上元古界国家级自然保护区地质遗迹是天津蓟县国家地质公园地质遗迹的主要组成部分，其分布位置主要为北纬40°17′—40°22′，东经117°16′—117°32′。保护区北与河北省兴隆县相连，西与北京市平谷区、河北省三河市相接，东与河北省遵化市为邻，南为蓟县平原区。处于京、津、唐交会地带，交通发达，地理位置优越，大秦、京秦和津蓟铁路及京沈、津围、邦喜、宝平等公路途经本区，津蓟、蓟平高速公路已建成通车。

保护区位于燕山地台褶皱带的南缘，马兰峪复背斜的南西翼。园内地层总体走向东西，倾向南，呈单斜产出，仅在南部发育府君山向斜。

中上元古界划分为4个系、12个组，总厚9197m，以沉积连续、构造简单、古生物丰富、顶底界线清楚、沉积厚度大、变质程度浅而成为我国北方晚前寒武纪的标准剖面，是国际中上元古界准层型剖面的候选剖面。寒武系和第四系仅局部出露。

蓟县剖面对区域地层对比、生命的形成及进化、地球的演变以及古地理环境等方面具有重大的科学价值。研究领域的深度和广度都达到了很高的水平，有的方面已达到国际领先水平。

通过筛选和对比，蓟县剖面被国际地质科学联合会和国际对比计划项目工作组推举为世界同时代层型剖面候选地之一，正如李四光教授所称道的"在欧亚大陆同时代地层中，蓟县剖面之佳，恐无出其右者"。

蓟县剖面为国内外地质科研、信息技术交流搭建了平台。作为非常重要的国际自然宝库，对世界范围内的地质科学工作者具有极大的吸引力，许多中外专家、学者在此进行了大量的多学科、多领域的研究工作，对基础地质研究工作做出了突出的贡献。

地质遗迹的分类主要依据形成地质遗迹的动力因素、主体物质组成及成因。从地质专业化角度出发，尽量包括地球地质演化中在本区遗留下的所有记录，并考虑地质遗迹的优美性和观赏性及游客易于接受的原则。

地质遗迹类型按照中华人民共和国地质矿产行业标准《重要地质遗迹调查技术要求（2010年3月审定稿）》分类方案进行分类。该方案以科学发展观为指导，以保护与合理开发利用地质遗迹为宗旨，以加强管理为目的，集科学性、实用性和可操作性为一体，集各家分类方案所长，以学科和成因特征为主要依据，进行综合研究后划分的。大类主要从管理和保护的角度出发进行划分，分为基础地质类、地貌景观类、地质灾害类三大类；类主要是依据学科和成因来划分的，细分为13类；亚类是依据地质遗迹的重要性和主要内容来划分的，细分为46亚类。

蓟县中上元古界国家自然保护区最大的特点就是具有众多地学教科书般的基础地质大类地质遗迹资源。基础地质大类地质遗迹是保护区最重要的地质遗迹资源，其中包括地层剖面类的12个区域层型（典型）剖面、构造剖面类的6个不整合面以及重要化石产地类的众多的古生物化石保存地，其次是地貌景观大类岩土体地貌类的碳酸盐岩地貌。

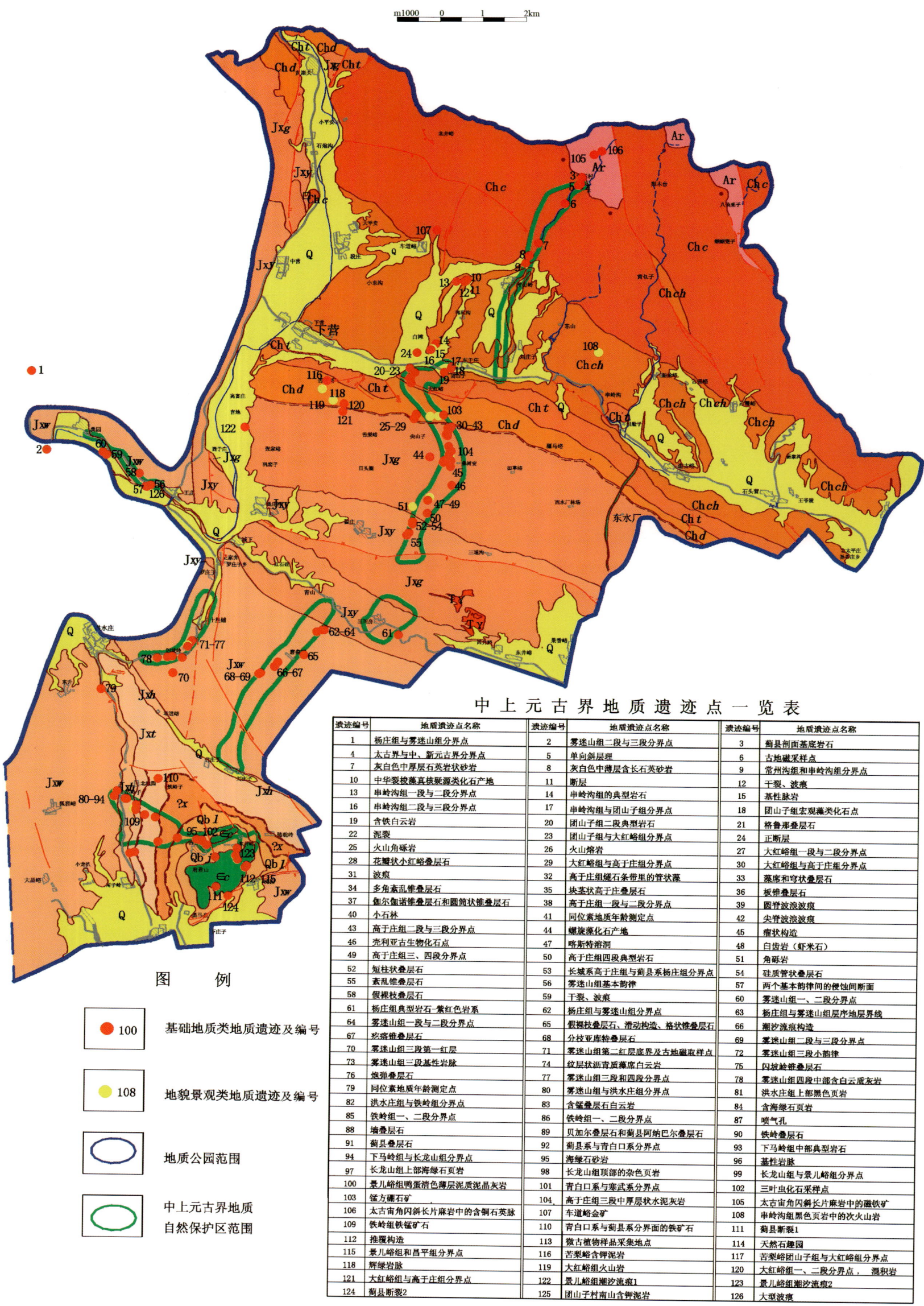

中上元古界国家自然保护区地质遗迹分布图

5.4 盘山花岗岩地貌景区

盘山是国家"5A"级重点风景名胜区,津门十景之一,景名"三盘暮雨"。盘山犹如十里锦屏,屹立于京东、津北,以"京东第一山"驰名中外,历史上被列为中国十五大名胜之一。盘山是自然山水与名胜古迹并著,佛家寺院与皇家园林共称的旅游胜地。盘山花岗岩形成于距今(2.03~2.07)亿年,大自然将其雕塑成美丽的花岗岩地貌景观。主要地质遗迹类型有花岗岩山峰、石蛋及其垒砌造型、穹隆构造等。花岗岩地貌景观成为盘山重要的特色景观,"五峰八石""三盘之胜"即是对盘山花岗岩地貌的凝练和概括。

盘山花岗岩地貌景区位于蓟县国家地质公园西南部,西起许家台镇与白涧镇镇界,东到五名山,南至邦喜公路北侧官庄及许家台镇镇界,北接县界。规划总面积约106km²。北与北京市平谷区相连,西与北京市平谷区、河北省三河市相接,东为蓟县城关,南为蓟县平原区。

盘山地区以海拔100m等高线作为山区与平原区地貌分区界限,即西起花甲石,向北经歇人场、蛇蟒峪、莲花岭,再向东经下田城、朱庄子、联合村、黑水峪、小狼峪等村的连线,此线以西、以北为石质低山丘陵区,以东、以南为第四纪洪积扇平原区。

地质遗迹类型按照中华人民共和国地质矿产行业标准《重要地质遗迹调查技术要求(2010年3月审定稿)》分类方案进行分类。依据上述分类方案,盘山花岗岩地貌景区地质遗迹类型本次调查共划分为三大类、六类、十一亚类,具体划分见下表。

盘山花岗岩地貌景区地质遗迹分类表

大类	类	亚类	备注
基础地质类地质遗迹	重要岩矿石产地	典型矿床类露头	
		典型矿物岩石	
		采矿遗址	
	其他基础地质	接触关系	
地貌景观类地质遗迹	岩土体地貌	花岗岩地貌	山峰、石蛋、崩塌堆积、绝壁、陡崖、洞穴、石窟
	水体地貌	河流(涧、濑)	
		瀑布	
		泉	
		湖泊、潭	
	构造地貌	穹隆	
地质灾害类地质遗迹	其他地质灾害	泥石流	

盘山花岗岩地貌景区涉及的地质遗迹类型主要是地貌景观类地质遗迹大类岩土体地貌类花岗岩地貌亚类,占本次地质遗迹调查地质遗迹点总数的62%,基础地质类地质遗迹大类次之,地质灾害类地质遗迹大类较少。

盘山花岗岩地貌景观类型多样,景观丰富。美学观赏价值极高,其美学观赏价值主要体现在美、奇、雄、险、幻。

通过盘山花岗岩地貌景区地质遗迹的调查,对盘山花岗岩地貌景区主景区最佳地质旅游路线做了划分。山门—自来峰是地质旅游的主干路线,上方寺、古中盘、千像寺、东甘涧、法藏寺等地质遗迹小区为分支路线,分支路线对全面了解盘山花岗岩地貌景观也是不可或缺的。

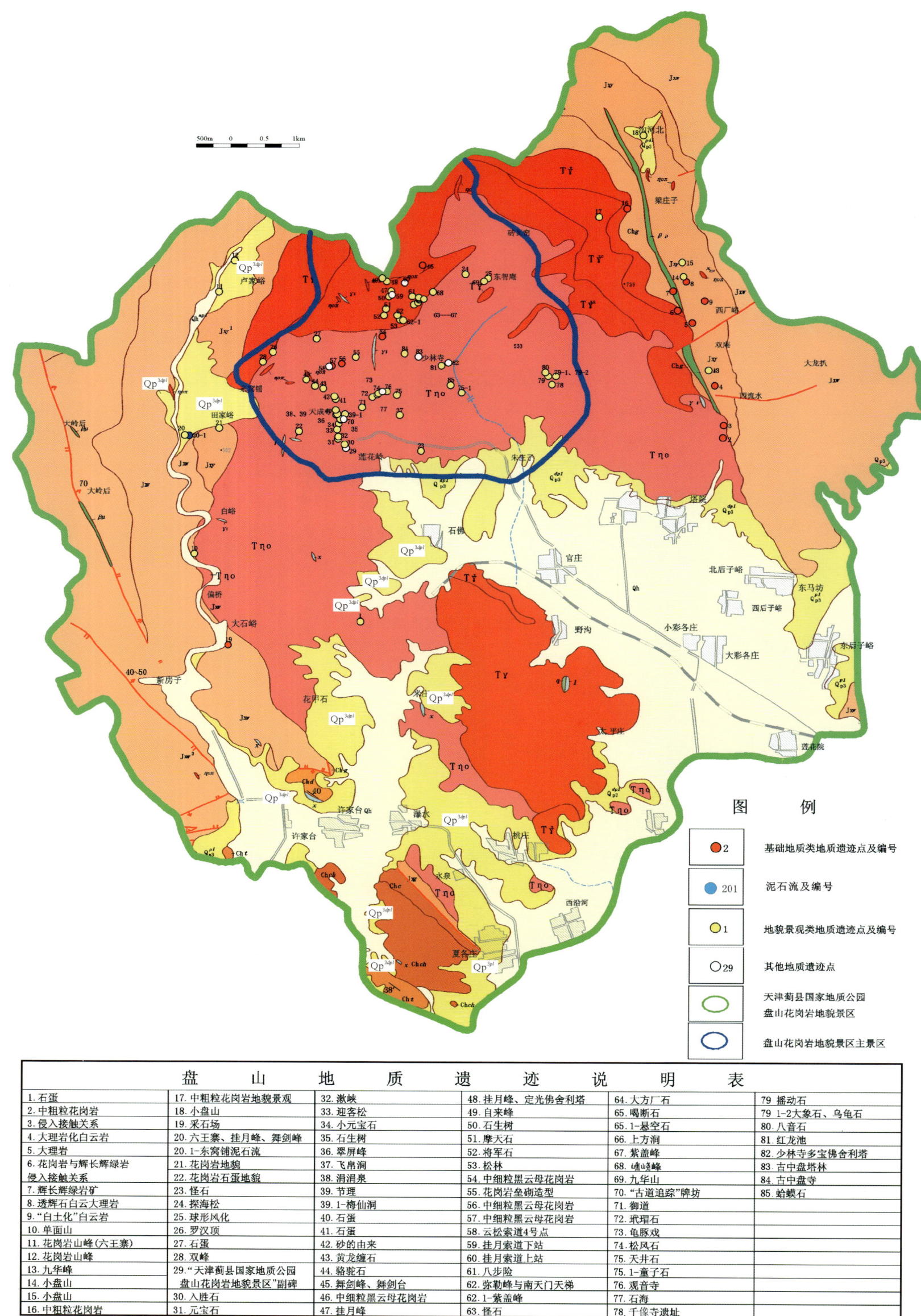

盘山花岗岩地貌景区地质遗迹分布图

盘 山 地 质 遗 迹 说 明 表					
1. 石蛋	17. 中粗粒花岗岩地貌景观	32. 激峡	48. 挂月峰、定光佛舍利塔	64. 大方厂石	79. 摇动石
2. 中粗粒花岗岩	18. 小盘山	33. 迎客松	49. 自来峰	65. 喝断石	79.1-2大象石、乌龟石
3. 侵入接触关系	19. 采石场	34. 小元宝石	50. 石生树	65.1-悬空石	80. 八音石
4. 大理岩化白云岩	20. 六王寨、挂月峰、舞剑峰	35. 石生树	51. 摩天石	66. 上方洞	81. 红龙池
5. 大理岩	20.1-东窝铺泥石流	36. 翠屏峰	52. 将军石	67. 紫盖峰	82. 少林寺多宝佛舍利塔
6. 花岗岩与辉长辉绿岩侵入接触关系	21. 花岗岩地貌	37. 飞帛涧	53. 松林	68. 嵯峨峰	83. 古中盘塔林
7. 辉长辉绿岩矿	22. 花岗岩石蛋地貌	38. 涓涓泉	54. 中粗粒黑云母花岗岩	69. 九华山	84. 古中盘寺
8. 透辉石白云大理岩	23. 怪石	39. 节理	55. 花岗岩垒砌造型	70. "古道追踪"牌坊	85. 蛤蟆石
9. "白土化"白云岩	24. 探海松	39.1-梅仙洞	56. 中细粒黑云母花岗岩	71. 御道	
10. 单面山	25. 球形风化	40. 石蛋	57. 中细粒黑云母花岗岩	72. 风亭	
11. 花岗岩山峰(六王寨)	26. 罗汉顶	41. 石蛋	58. 云松索道4号点	73. 龟豚戏	
12. 花岗岩山峰	27. 石蛋	42. 砂的由来	59. 挂月索道下站	74. 松风石	
13. 九华峰	28. 双峰	43. 黄龙缠石	60. 挂月索道上站	75. 天井石	
14. 小盘山	29. "天津蓟县国家地质公园盘山花岗岩地貌景区"副碑	44. 骆驼石	61. 八步险	75.1-童子石	
15. 小盘山	30. 入胜口	45. 舞剑峰、舞剑台	62. 弥勒峰与南天门天梯	76. 观音寺	
16. 中粗粒花岗岩	31. 元宝石	46. 中细粒黑云母花岗岩	62.1-紫盖峰	77. 石海	
		47. 挂月峰	63. 怪石	78. 千像寺遗址	

5.5 九山顶石英砂岩峰林景区

"九山顶"为清顺治皇帝御赐,封为清东陵太祖山。主峰海拔1078.5m,是天津市最高峰。九山顶石英砂岩峰林景区位于蓟县北部下营镇常州村,北与河北省兴隆县相连。地处京、津、唐交会地带,交通发达、地理位置优越。经津围公路、马营公路和旅游专线直达。

景区以石英砂岩峰林地貌景观为主要特征,群峰秀丽、峡谷幽深。其成因乃岩层产状平缓,地壳水平上升,流水沿构造破裂面的节理侵蚀及重力崩塌作用对石英砂岩长期精心雕刻的结果,造就了石英砂岩峰林地貌的基本形态。具有重要的科学价值、科普价值和极高的美学与生态旅游价值。

九山顶石英砂岩峰林景区地质遗迹以石英砂岩峰林地貌景观和蓟县剖面常州沟组层型为主要特征。珍贵的地质遗迹与秀美的自然景观相得益彰,具有重要的科学价值、科普价值和极高的美学与生态旅游价值。

地质遗迹类型按照中华人民共和国地质矿产行业标准《重要地质遗迹调查技术要求(2010年3月审定稿)》分类方案进行分类。依据上述分类方案,九山顶石英砂岩峰林景区地质遗迹类型本次调查共划分为三大类、五类、五亚类(不含外围地质遗迹)。具体划分见下表。

九山顶石英砂岩峰林景区地质遗迹分类表

大类	类	亚类	备注
基础地质类地质遗迹	地层剖面	区域层型(典型)剖面	
地貌景观类地质遗迹	岩土体地貌	砂岩峰林地貌	山峰、峰丛、峰墙、山脊、悬崖峭壁、岩洞、山岩造型
	水体地貌	泉	
	构造地貌	峡谷	
地质灾害类地质遗迹	其他地质灾害	崩塌	

地质遗迹分为基础地质、地貌景观和地质灾害三大类。基础地质类有岩石、沉积构造;地貌景观类有砂岩峰林地貌、水体地貌和构造地貌;地质灾害类主要是崩塌。

1. 基础地质类

○岩石:景点有玉带缠腰(常州沟组一段砂砾岩)、天生得石(常州沟组二段石英岩状砂岩)、黄龙出洞(辉绿岩)。

○沉积构造:斜层理景点有第二停车场常州沟组一段砂岩中的斜层理、边区食堂石英砂岩斜层理墙、天门开一带石英砂岩大型板状斜层理、老龙潭石英砂岩斜层理;波痕景点有边区食堂石英岩状砂岩层面上的波痕、十面佛石英岩状砂岩层面上的波痕。

2. 地貌景观类

○砂岩峰林地貌:山峰以九山顶主峰为代表,景名"一览众山小";峰丛以国画岭为代表;峰墙景点有一线天、天门口、鬼斧神工、野谷通幽、步云桥、离俗侨等;山脊以翡翠岭为代表;悬崖峭壁景点有紫壁危岩、神功绝壁(擎天一柱)、层岩耸翠、元古绝壁;岩洞景点有云泉洞、轮回洞、羚羊洞;砂岩造型景点有群兽迎客、天生得石、十面佛、小石林、猴子望海、镇山神、黑龙探首等。

○水体地貌:景点老龙潭。

○构造地貌:景点神秘谷。

3. 地质灾害类

○景点倒石堆。

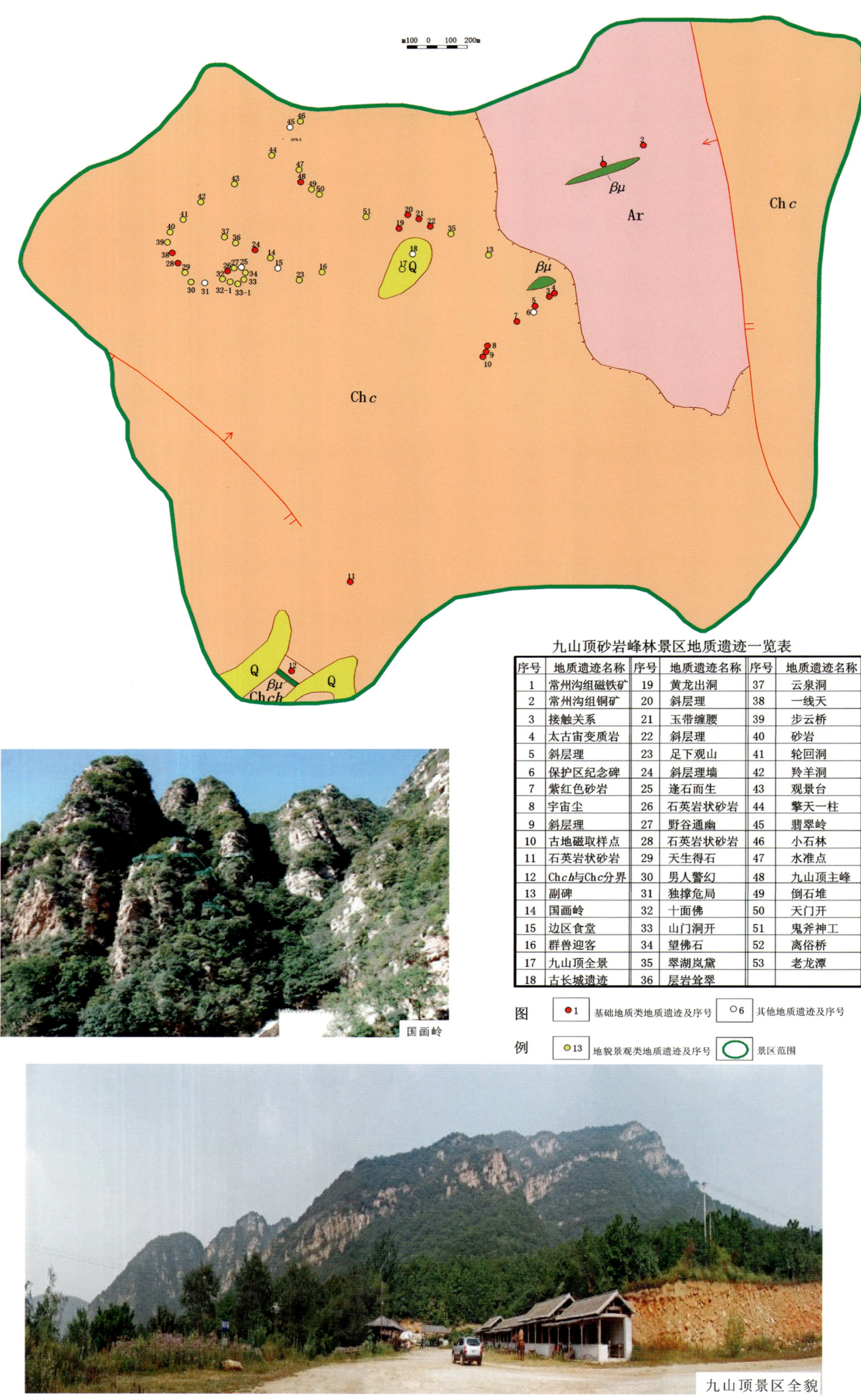

九山顶石英砂岩地质遗迹分布图

5.6　梨木台石英砂岩峰林峡谷景区

景区距蓟县城区 30km，位于天津市最北端的蓟县下营镇，被称为"天津北极"。景区内峰林雄险，峡谷幽深，飞瀑长流，林海茫茫，藤萝攀缘缠绕，自然风光美轮美奂，有"天津神农架""北方的热带雨林"之美誉。

景区地质遗迹以石英砂岩峰林峡谷地貌景观为主要特征，区内出露中元古界常州沟组石英砂岩，在内外地质营力作用下，保留许多罕见的砂岩峰林峡谷地貌景观，例如峰林、峰丛、峰墙、峡谷、瀑布、象形石等地质遗迹，景区珍奇的地质遗迹与秀美的自然景观相得益彰，具有重要的科学价值、科普价值和极高的美学与生态旅游价值。

地质遗迹类型按照中华人民共和国地质矿产行业标准《重要地质遗迹调查技术要求（2010 年 3 月审定稿）》分类方案进行分类。依据上述分类方案，梨木台石英砂岩峰林峡谷景区地质遗迹类型本次调查共划分为三大类、六类、九亚类，具体划分见下表。

梨木台石英砂岩峰林峡谷景区地质遗迹分类表

大类	类	亚类	备注
基础地质类地质遗迹	地层剖面	区域层型（典型）剖面	
	构造剖面	断裂	
		褶皱	
		不整合面	
地貌景观类地质遗迹	岩土体地貌	砂岩峰林地貌	山峰、峰丛、峰墙、悬崖峭壁、砂岩造型
	水体地貌	湖、潭	
		瀑布	
	构造地貌	峡谷	
地质灾害类地质遗迹	其他地质灾害	崩塌	

1. 基础地质类

○地层：景区出露地层有太古宇变质岩；中元古界常州沟组砂砾岩、含砾石英粗砂岩、石英岩状砂岩；中元古界串岭沟组粉砂质页岩。

○沉积构造：斜层理发育在常州沟组一段砂砾岩、含砾砂岩中，如登天缝以西、仙境等地；波痕主要发育在串岭沟组粉砂质页岩层面上，如太平湖东侧串岭沟组薄层状粉砂质页岩层面上的浪成对称波痕。

○构造剖面：黄乜子断层及褶皱构造位于太平湖北；中元古界与太古宇的不整合接触关系在石海以北。中元古界常州沟组与太古界为角度不整合接触。常州沟组年龄 18 亿年，下伏太古宇的变质岩年龄 25 亿年，沉积间断长达 8 亿年。

2. 地貌景观类

○砂岩峰林峡谷地貌：景区主要山峰 80 多座，其中 500m 以上的山峰 65 座，主峰梨木台山海拔 991.6m；峰丛以五指山最为典型；峰墙以登天缝为典型代表；悬崖峭壁的景点有岩画岭、藏经阁等；砂岩造型的景点有千层浪壁画、骆驼峰、群猴迎日、神龟探海、母子石、将军石等。

○水体地貌：湖泊景点有豹子潭、太平池；瀑布有黄砬棚瀑布。

○构造地貌：黄乜子峡谷。

3. 地质灾害类

○景区崩塌堆积常见倒石堆，俗称石海。

4. 与地质遗迹相关的自然景观

梨木台：梨木台原名梨木安台，是黄乜子峡谷中唯一的一块平台，清康熙年间更名为"梨木台"，现沿用至今。北齐长城：北齐长城建在海拔 500~900m 的中元古界常州沟组山脊上，全长 5600m，有敌楼 5 座，地势险峻，易守难攻。

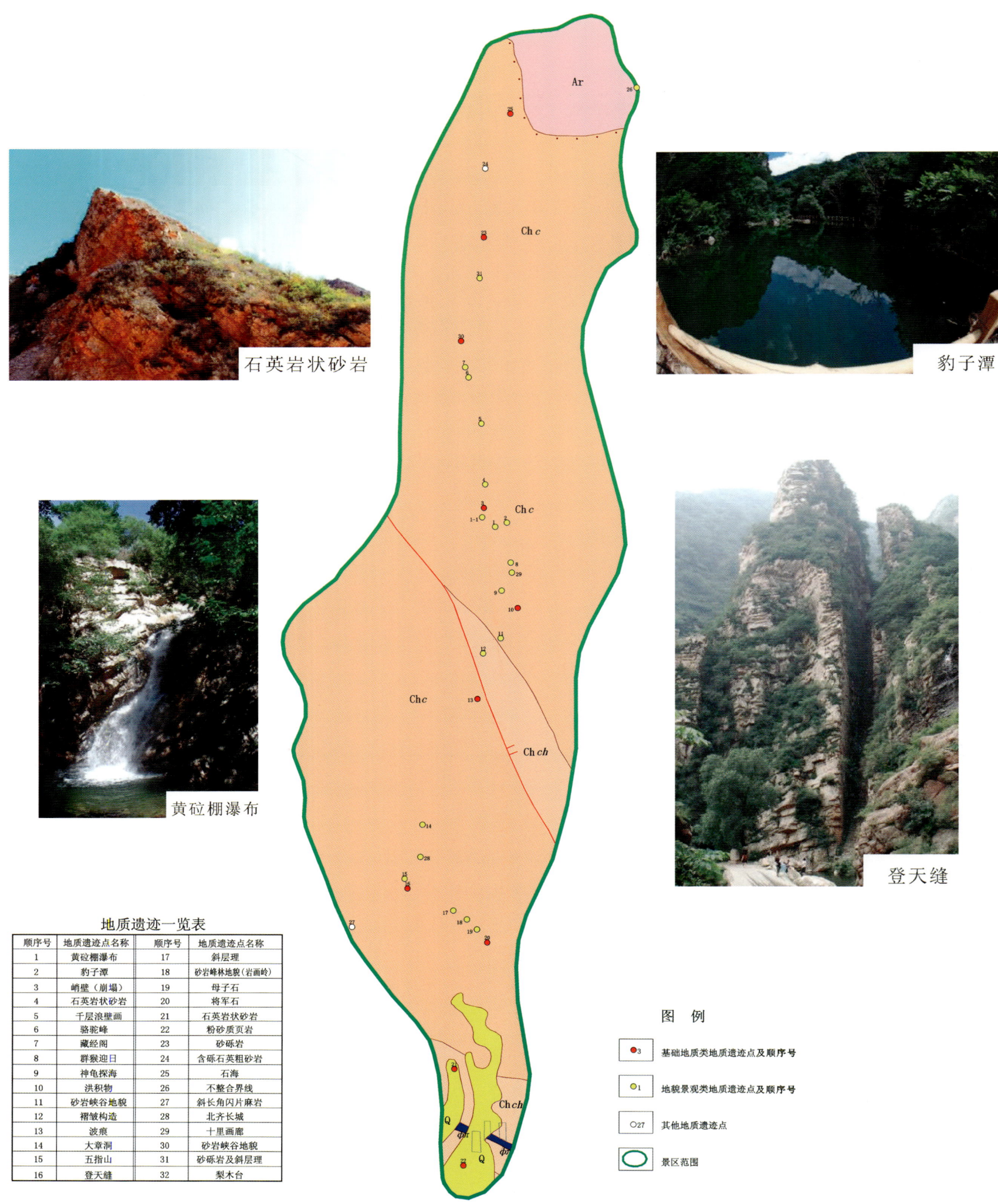

梨木台石英砂岩峰林峡谷景区地质遗迹分布图

地质遗迹一览表

顺序号	地质遗迹点名称	顺序号	地质遗迹点名称
1	黄砬棚瀑布	17	斜层理
2	豹子潭	18	砂岩峰林地貌(岩画岭)
3	峭壁(崩塌)	19	母子石
4	石英岩状砂岩	20	将军石
5	千层浪壁画	21	石英岩状砂岩
6	骆驼峰	22	粉砂质页岩
7	藏经图	23	砂砾岩
8	群猴迎日	24	含砾石英粗砂岩
9	神龟探海	25	石海
10	洪积物	26	不整合界线
11	砂岩峡谷地貌	27	斜长角闪片麻岩
12	褶皱构造	28	北齐长城
13	波痕	29	十里画廊
14	大章洞	30	砂岩峡谷地貌
15	五指山	31	砂砾岩及斜层理
16	登天缝	32	梨木台

图 例

● 3 基础地质类地质遗迹点及顺序号

○ 1 地貌景观类地质遗迹点及顺序号

○ 27 其他地质遗迹点

⬭ 景区范围

5.7 八仙山石英砂岩峰林峡谷景区

八仙山石英砂岩峰林峡谷景区也是国家级自然保护区,享有"北方的神农架"美誉,以峰奇、谷奇、石奇、云奇、水奇、林奇、花奇、鸟奇"八奇"而著称。区内峰峦叠翠,林海茫茫。该保护区的建立对于研究华北地区森林演替规律和维护当地的生态平衡均有着重要意义。

景区是天津市地势最高,群峰汇集的地方,最高峰1046.8m。区内出露中元古界石英砂岩,在内外地质营力作用下,保留许多罕见的砂岩峰林峡谷地貌景观,例如峰丛、峰墙、峡谷、瀑布、象形石等地质遗迹,成为砂岩峰林峡谷地貌代表性地区。

八仙山国家自然保护区优越的森林生态环境、丰富的自然资源,可以作为环保学、生态学、地质学、生物学、药学、美学等专业的大专院校和科研单位的教学、科研基地,也是对青少年和国民进行生态、环保科普教育的天然大课堂,在提高民众的生态观念和环保意识方面,具有重要的社会意义。

5.8 黄崖关断崖地貌景区

黄崖关是著名的津门十景中的"蓟北雄关"。关隘东有悬崖为屏,西以峭壁为依,其险要可见一斑。黄崖关长城集中了各种类型长城的建筑形式,与周围山岭的奇、险、秀融为一体。

黄崖关断裂通过处形成深谷,两侧岩层形成陡峭的山峰,从而构成断崖地貌景观。黄崖关断裂纵贯景区南北,黄崖关长城如游龙一般横卧东西,景区集地质遗迹与人为景观于一体,成为该景区突出的特色。

母子峰　寡妇楼

猫耳山

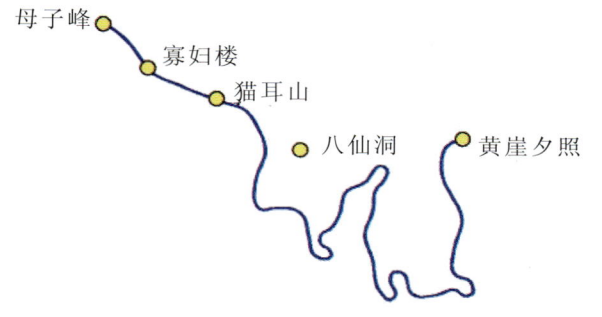

八仙洞

黄崖口关

黄崖夕照

5.9　九龙山碳酸盐岩峰丛景区

该景区是由中元古界高于庄组灰质白云岩构成的碳酸盐岩峰丛地貌景观。在漫长的地质历史中,岩石经过物理、化学和生物的风化作用,形成奇山、异石、怪木,尤其是树与石的博弈,栩栩如生。

独秀峰

怪石林

龙泉洞

褶皱构造

狮伴树

5.10 府君山地质构造遗迹景区

该景区是蓟县国家地质公园一处以地质构造遗迹为主的景区，是著名的"蓟县运动"的命名地。这里有丰富的地质构造遗迹、众多的名胜古迹和人文景观资源，是进行科学研究、科普教育、旅游观光的好场所。

龙山组二段杂色砂岩

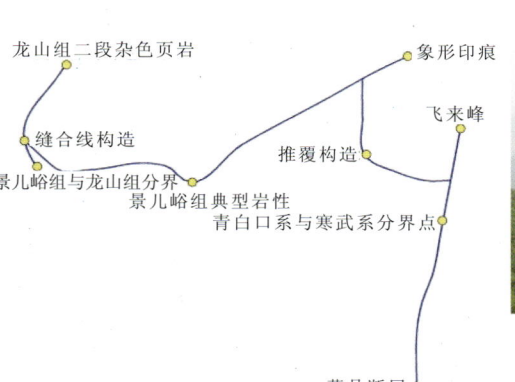

飞来峰

景儿峪组典型岩性

推覆构造

蓟县断层

6 专业成果篇

6.1 水文地质专题

6.1.1 蓟县机井分布图

本图分乡镇反映蓟县目前阶段地下水开采井的分布状况,采用机井密度(即单位面积上机井数)及表格形式分乡镇表示。资料数据来源为蓟县地下水资源管理办公室编制的《天津市蓟县地下水监测年鉴(2011年)》。

至 2011 年底,蓟县共有机电井 8380 眼,其中深度小于 50m 的浅井 6381 眼,占总井数的 76.1%;深度为 50~150m 的中井 1609 眼,占总井数的 19.2%;深度大于 150m 的深井 390 眼,占总井数的 4.7%。按井的用途,农业井达 7033 眼,占总井数的 83.9%,其中含浅井 5854 眼,中井 1065 眼,深井 114 眼;生活井 1072 眼,占总井数的 12.8%,其中含浅井 322 眼,中井 519 眼,深井 322 眼;工业井 275 眼,占总井数的 3.3%,其中含浅井 205 眼、中井 25 眼、深井 45 眼。按乡镇统计,于桥水库东侧的出头岭镇及平原区杨津庄镇、下仓镇、尤古庄镇、上仓镇、桑梓镇机井总数较多,均超过 500 眼,而位于山地区的下营镇、五百户镇、穿芳峪镇、白涧镇、罗庄子镇、许家台镇、孙各庄乡等乡镇机井总数多在 150 眼以下。

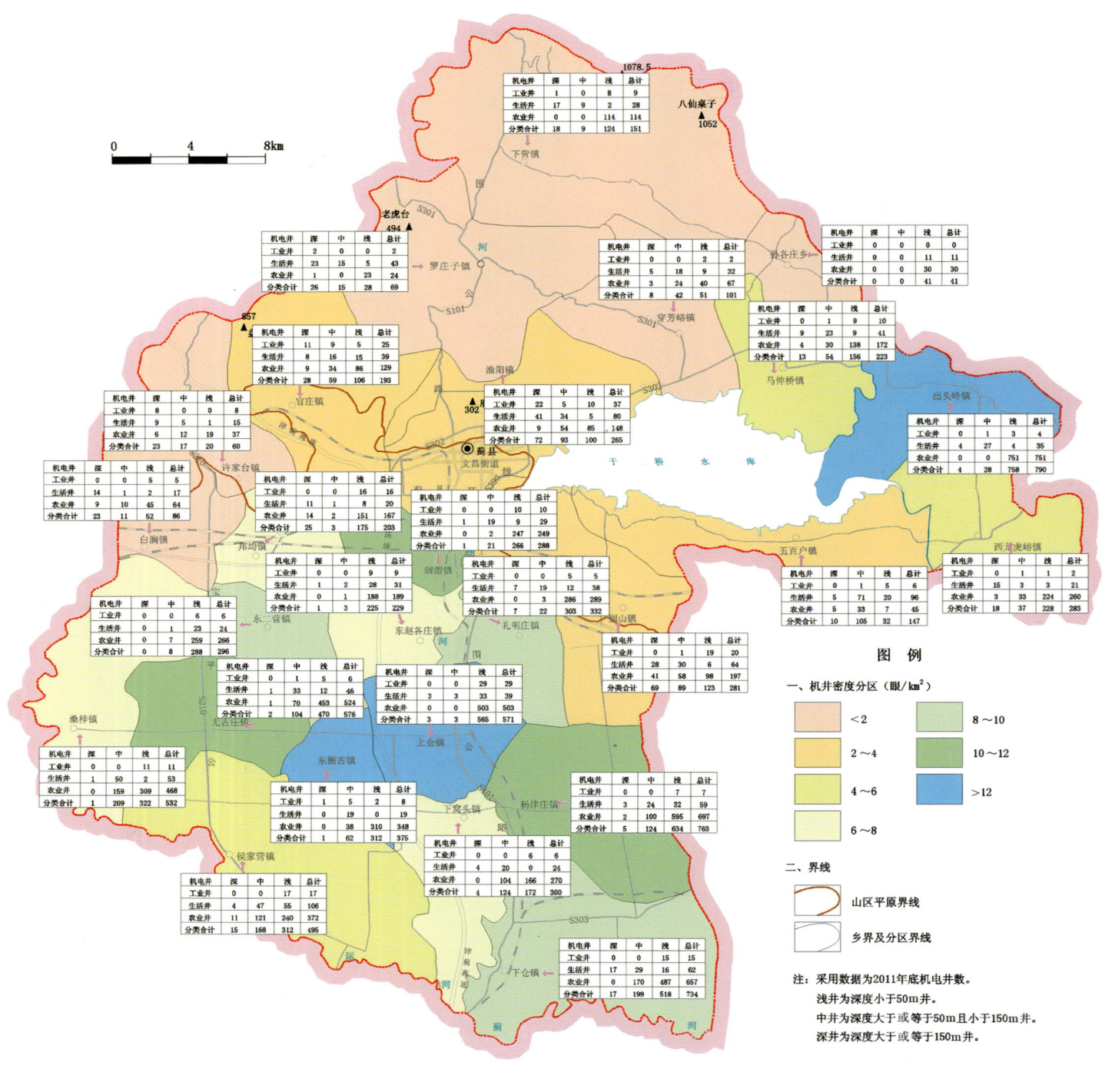

蓟县机井分布图

从机井密度来看,全部或部分位于北部山区及于桥水库南侧乡镇,包括罗庄子镇、下营镇、许家台镇、穿芳峪镇、孙各庄乡、白涧镇、官庄镇、五百户镇、别山镇、渔阳镇等乡镇机井密度较小,均在每 4 眼/km² 以下;位于桥水库东侧的出头岭镇及平原区东施古镇、上仓镇、尤古庄镇、泗溜镇、杨津庄镇、礼明庄镇等镇机井密度较多,多在 10 眼/km² 以上。

6.1.2 蓟县地下水监测点分布图

蓟县地下水监测网点主要为地下水位监测点,部分为地下水质监测点。包括天津市地质环境监测总站长期观测点和蓟县水利局地下水资源管理办公室监测网点,所用资料截至 2008 年底。

总共有监测点 122 眼,其中天津市地质环境监测总站 85 眼,其中包括国家级监测点 10 个。蓟县水利局地下水资源管理办公室 37 眼,其中包括国家级监测点 6 个。监测层位主要为平原区及山间盆地上覆第四系第Ⅰ、Ⅱ含水层及下伏基岩含水层,裸露基岩山区地下水监测点相对较少。按监测层位及岩性,第Ⅰ含水组监测点 50 眼,监测 65m 深度内的松散地层地下水动态;第Ⅱ含水组监测点 22 眼,主要监测 180m 深度松散地层地下水动态;基岩监测点 50 眼,主要监测层位为雾迷山组、高于庄组及奥陶系岩溶地下水,控制深度多在 300m 以内。

按监测用处,可分为三类:常规的地下水动态监测,为主体监测内容;天津石化公司宝坻水源地专项水文地质监测点,蓟县境内主要分布于下仓镇范围内;引滦明渠地质环境监测点。

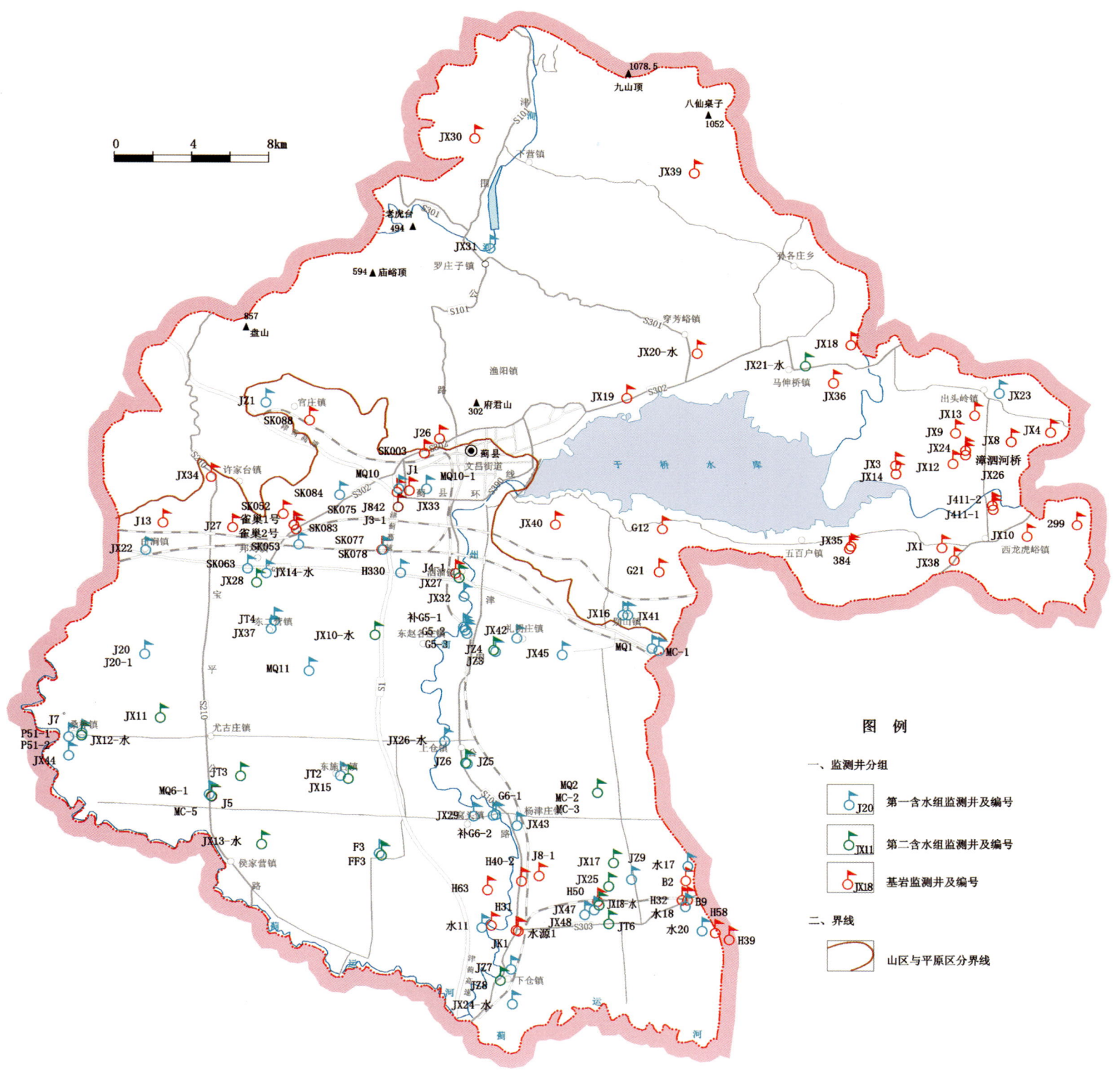

蓟县地下水监测点分布图

6.1.3　蓟县平原区第Ⅰ含水组地下水位埋深及等水位线图

本图依据2008年6月(丰水期)约20个第Ⅰ含水组地下水动态长观孔观测资料编绘而成。第Ⅰ含水组地下水水位埋深及流场分布,主要受地形和开采的控制,等水位线反映了地下水流场状况。

水位埋深有由北部山前平原向南部冲积平原逐渐变浅的分带规律,总体上水位较浅,北部山前平原地形坡降大,水位埋深多大于5m,近山麓地带达8～10m,但宽度较窄,向南递次变浅,山前平原以3～4m和2～3m为主,在山前平原下部的蒙鄱北部和南部一带,出现了水位埋深4～5m的两个深埋深带,主要由于浅层水和下伏隐伏岩溶水开采量较大,形成局部下降漏斗。在山麓地带,水力坡度较陡,可达1‰～3‰,在平原地带水力坡度明显变缓,一般为1‰～1.5‰,向下游逐渐变缓。

在山前平原,浅层水总体流向自北而南和南南东,别山山前由北东流向南西,山麓地带受地形影响,水力坡度较陡,可达1‰～3‰,在尤古庄—泗溜—礼明庄一线以南,水力坡度变缓,一般在0.3‰～0.8‰,反映出州河大多时排泄地下水。浅层水水位普遍高于下伏深层水,浅层水向下越流补给深层水。

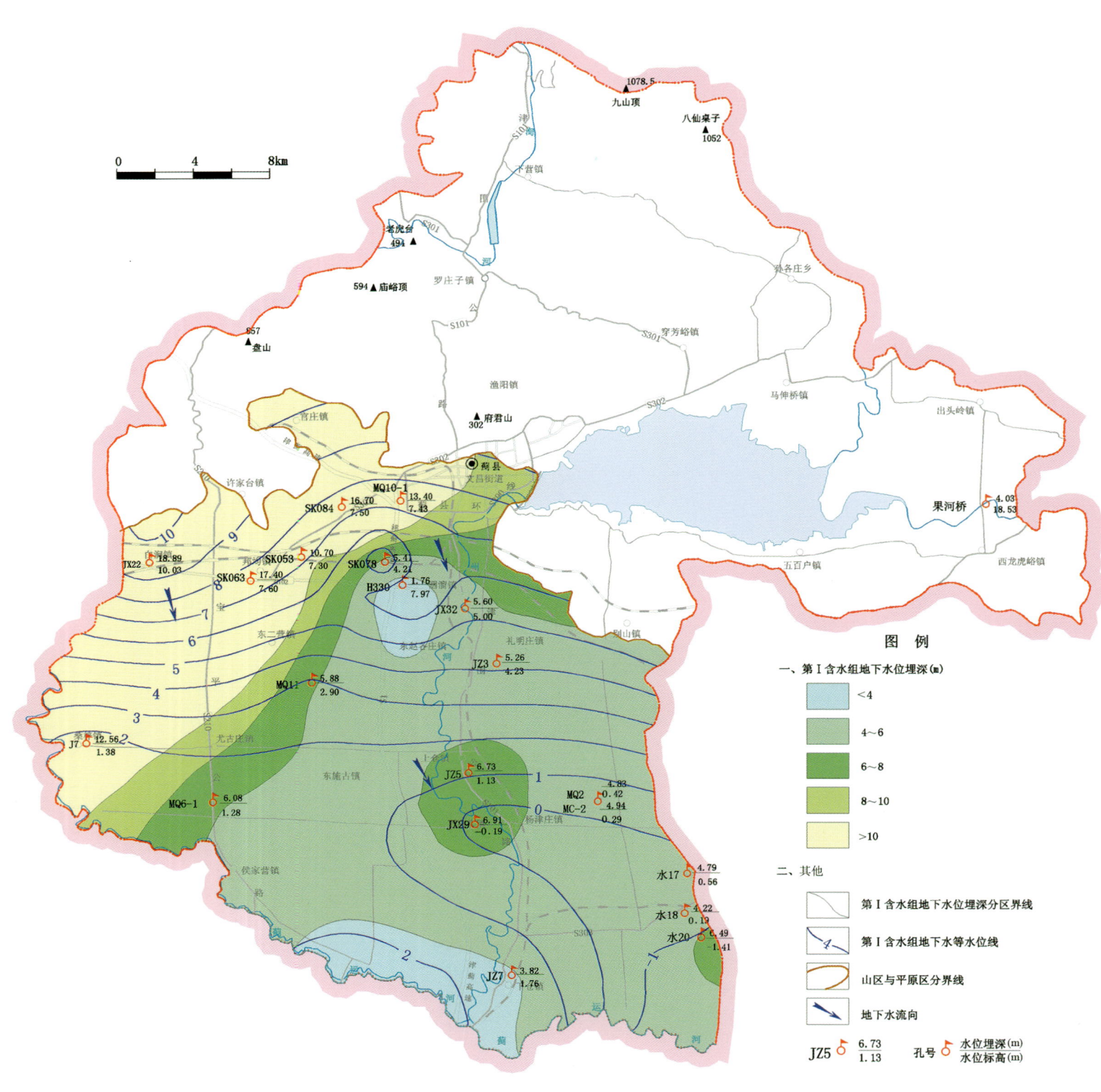

蓟县平原区第Ⅰ含水组地下水位埋深及等水位线图

6.1.4　蓟县平原区第Ⅱ含水组地下水位埋深及等水位线图

本图依据 2008 年 6 月（丰水期）约 13 个第Ⅱ含水组地下水动态长观孔观测资料编绘而成。蓟县平原区第Ⅱ含水组地下水位埋深及流场分布主要受含水层垂向及侧向补给、地下水开采量及地形地貌等因素综合决定。

邻近山前平原地区及西部刘家顶至桑梓、东部别山至杨津庄一带，地下水位埋深大，多在 10～20m 之间，中南部及东南部较大地区地下水位埋深较浅，多在 5～10m 之间。与第Ⅰ含水组地下水位相比，第Ⅱ含水组地下水位埋深总体上要深 1～6m，第Ⅰ含水组向下垂向补给第Ⅱ含水组。

平原区第Ⅱ含水组地下水总体自北而南流动，受局部地段地下水集中开采的影响流场会形成较小范围的漏斗区。地下水水力坡度相对较缓，多在 0.5‰～1.0‰之间。

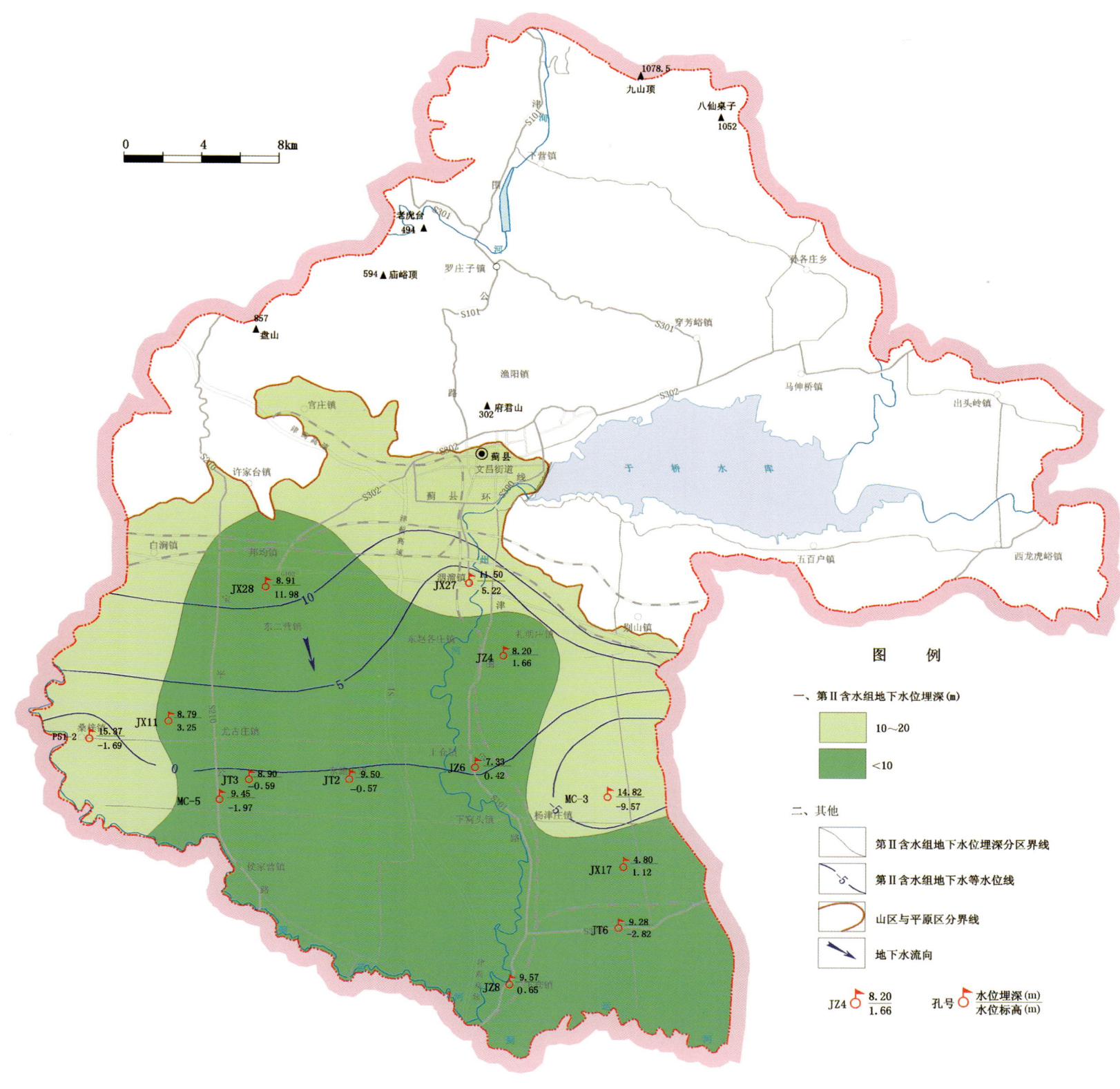

蓟县平原区第Ⅱ含水组地下水位埋深及等水位线图

6.1.5　蓟县平原区第Ⅰ含水组水文地质图

蓟县是天津市地下水最丰富的地区,平原区第四系孔隙水有较大的供水意义,是当前工农业供水的主要水源。平原区松散层主要可划为第Ⅰ、Ⅱ两个含水组,局域基岩埋深较大区存在第Ⅲ含水组。第Ⅰ含水组底界埋深可划在60~70m、第Ⅱ含水组底界埋深最大为180~220m,但不超过基岩面埋深。

本次水文地质编图,图面内容包括岩性分区、含水砂层厚度及15m降深时单井涌水量3项要素。岩性分区根据以下标准依次划分:①当砾石层累计厚度大于或等于2m时,划为砾石区;②当粗砂、含砾粗砂、中粗砂等粗砂类累计厚度大于或等于5m时,划为粗砂区;③当中砂、细中砂累计厚度大于或等于10m时,划为中砂区;④在以上分区外,当细砂、中细砂累计厚度占整个含水层厚度的50%以上时,划为细砂区;当粉砂、细粉砂累计厚度占50%以上时,划为粉细砂区。对于含水层较薄、按照以上4种岩性还不能归类的个别钻孔,依钻孔出现最多岩性归类。15m降深时单井涌水量采用根据已有抽水试验孔数据及根据地层岩性推算两种方法确定。

蓟县平原区第Ⅰ含水组以潜水和浅层微承压水为主。含水层受山前冲洪积扇裙及河流冲积扇的控制,但由于蓟县山前无大的河流,山麓地带多厚层坡洪积黏土层,因此山前平原近山麓地带含水层变薄,水量反而变小,水量大的地带往往出现在冲积扇的中部,由西北向南东,单井15m降深时的涌水量由小于$500m^3/d \to 500~1000m^3/d \to 1000~2000m^3/d \to 500~1000m^3/d$变化,可分为较富水区、中等富水区、弱富水区3种状况。

较富水区:涌水量大于$1000m^3/d$,主要分布在山前平原中下部地区,沿侯家营、东施古、杨津庄、大封上等地带分布,岩性以中砂、粗砂为主,厚度多在35~55m,导水系数多在$80~170m^2/d$。

中等富水区:涌水量$500~1000m^3/d$,主要分布于蓟县山麓地带和州河西部与沟河之间地带。该带黏性土较厚,含水层岩性较粗,以砂砾石、中粗砂主为,厚度多在10~35m之间,含泥质,导水系数多在$40~80m^2/d$。

弱富水区:涌水量在$500m^3/d$以下,主要分布于蓟县西部白涧—刘家顶—桑梓一带,含水层岩性以中粗砂为主,厚度小,多在10~15m之间。

平原区北部地区地下水化学类型为$HCO_3-Ca(Ca \cdot Mg)$,矿化度小于1g/L,南部地区地下水化学类型主要为$HCO_3-Ca \cdot Mg \cdot Na$型,在糙甸一带出现$HCO_3 \cdot SO_4-Ca \cdot Na$型,部分地段矿化度大于1g/L。

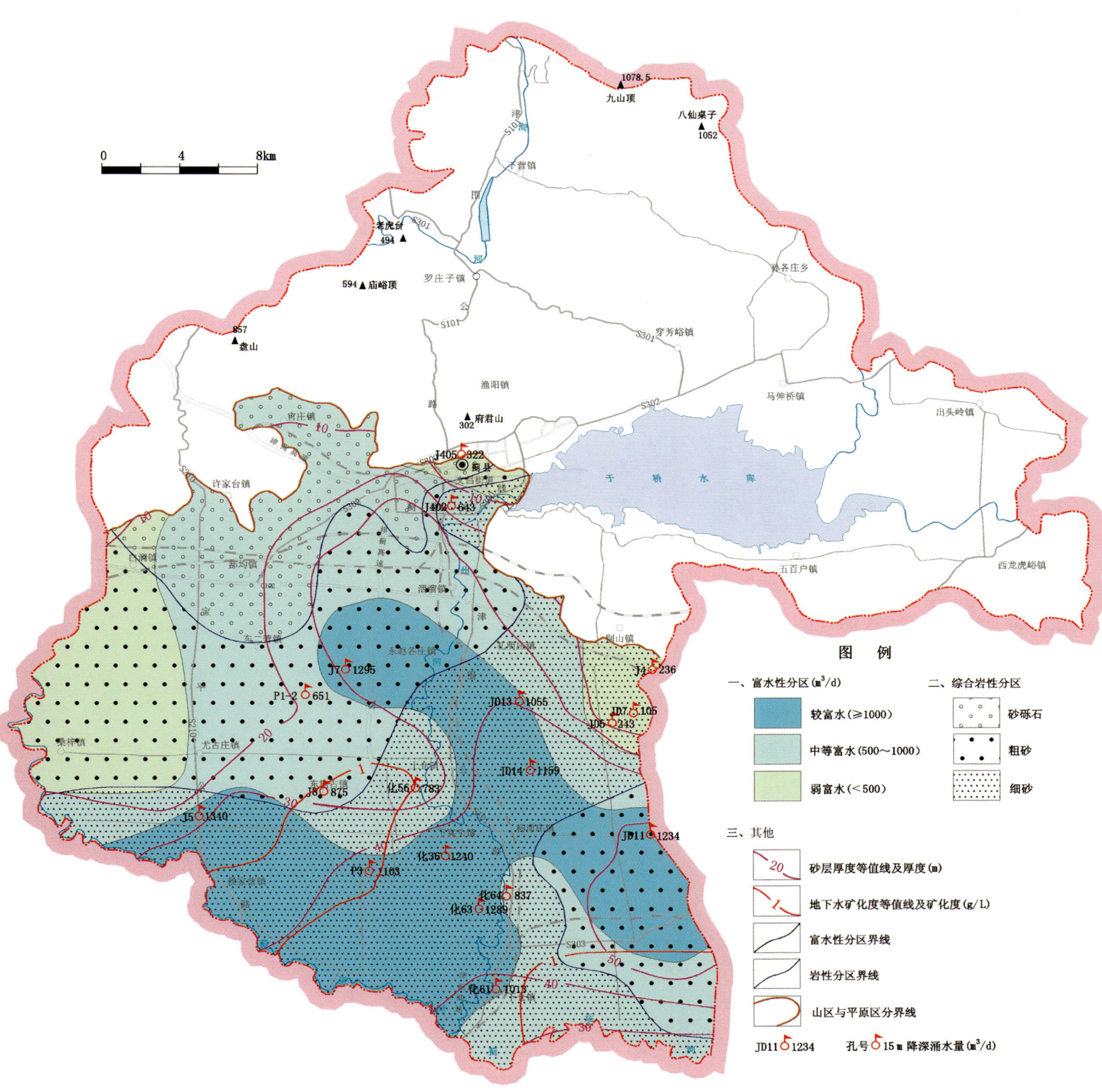

蓟县平原区第Ⅰ含水组水文地质图

6.1.6 蓟县平原区第Ⅱ含水组水文地质图

第Ⅱ含水组水文地质图的编图方法与第Ⅰ含水组相一致。第Ⅱ含水组同样是蓟县平原区当前工农业供水的一个主要取水层位。

蓟县平原区第Ⅱ含水组以承压水为主。含水层受山前冲洪积扇裙及河流冲积扇的控制,从北向南,综合岩性分区依次为砾石区、粗砂区、中砂区、粉砂区,在东施古至上仓镇、杨津庄之间存在一个细砂分布区;同时含水砂层的厚度从小于20m依次增大,在下仓至蒙鄹以东及以南地区,厚度最大,超过50m。由北向南,单井15m降深时的涌水量由1000～2000m³/d→2000～3000m³/d→3000～5000m³/d→≥5000m³/d变化,可分为较富水区、富水区、强富水区、极强富水区。

极强富水区:涌水量在5000m³/d以上,主要分布在蓟县下仓镇以东、蓟运河以北小部分地区。含水层为中砂,厚度多在50m以上。

强富水区:涌水量在3000～5000m³/d之间,主要分布在蓟县南部靠河一带。含水层为砾砂及中粗砂,厚度多在30～50m。

富水区:涌水量在2000～3000m³/d之间,主要分布在山前平原西南部至东部蒙圈一带,含水层以含砾中细砂为主。

较富水区:涌水量在1000～2000m³/d之间,分布于蓟县平原中北部大部分地区。该带岩性较复杂多变,含水层厚度较薄,厚度多在35m以下。

平原区北部靠山前平原一带及东部靠玉田县一带地下水化学类型为$HCO_3-Ca·Mg$型,矿化度小于0.5g/L,中南部较大范围内均为$HCO_3-Na·Ca$型水,矿化度在0.5g/L左右。

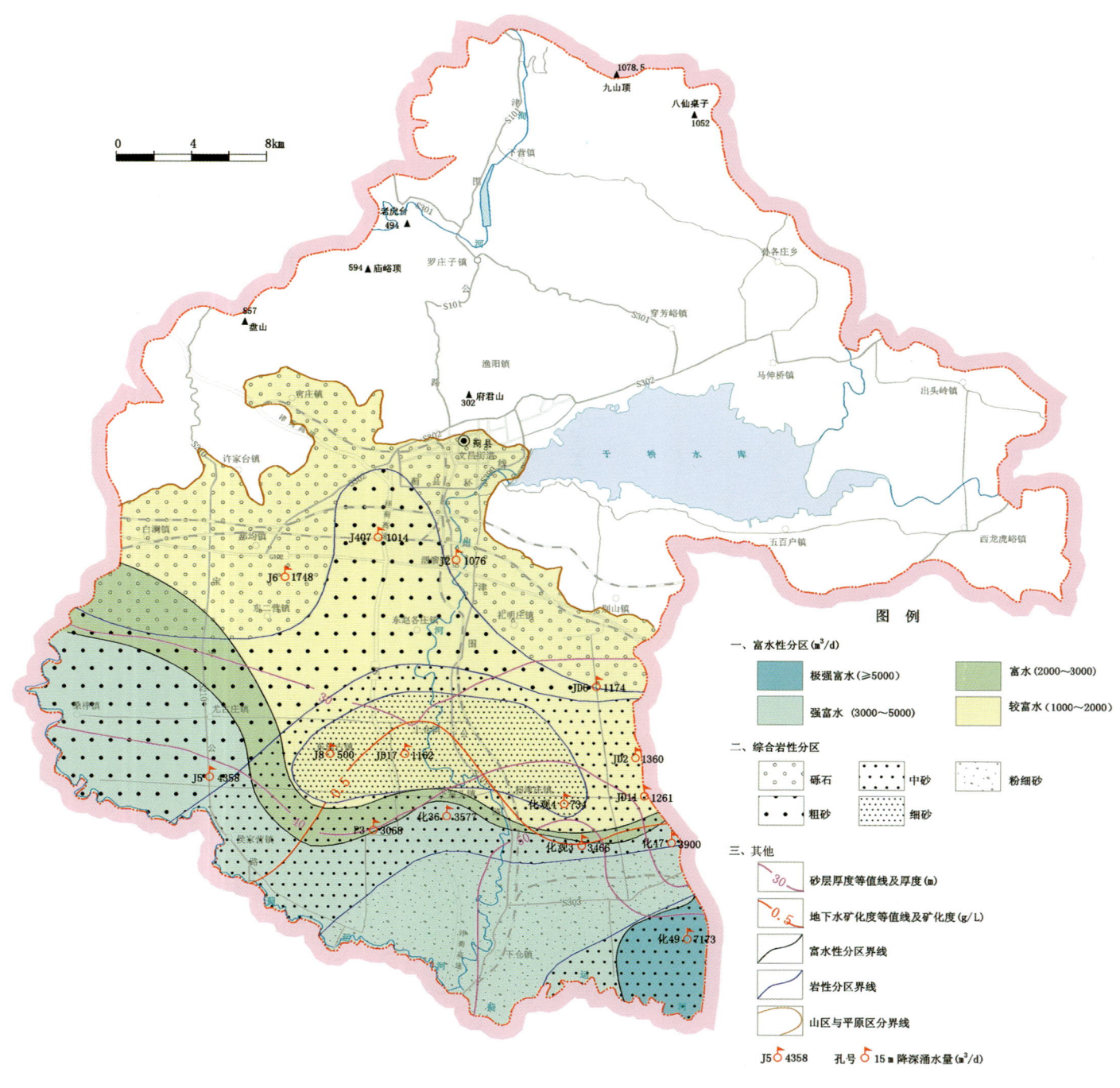

蓟县平原区第Ⅱ含水组水文地质图

6.1.7 蓟县岩溶水文地质图

1. 山区裸露型岩溶水

其主要分布于北部山区，含水介质为高于庄和雾迷山组以白云岩为主的碳酸盐岩，以潜水为主。由于基岩裸露，地形坡度大，水交替迅速，岩溶裂隙发育，涌水量多在 $1000\sim3000\text{m}^3/\text{d}$，局部大于 $3000\text{m}^3/\text{d}$。自东向西形成穿芳峪、磨盘峪、赵家峪、庄果峪 4 个岩溶储水构造。

穿芳峪岩溶储水构造面积 55km^2，主要含水层为高于庄组白云岩，东北部由大红峪组及西南部杨庄组泥质岩构成相对隔水边界，地下水主要由北西向东南径流排泄。

磨盘峪岩溶储水构造分布于府君山向斜两翼，面积约 111km^2，含水层由雾迷组白云岩组成，东部以杨庄组为相对隔水边界，西部以条带状分布的辉绿岩脉为隔水边界，北部以泥河为补给边界，南部以蓟县山前断裂为边界，除府君山向斜一段有阻水性质外，东部为导水断裂，岩溶水补给山前平原地下水。

赵家峪岩溶储水构造位于盘山背斜的东翼，面积 35km^2，雾迷山组白云岩为主要含水层，东西部分别以辉绿岩脉和盘山花岗岩体为隔水边界，南部以蓟县山前断裂为边界，为导水排泄边界。

庄果峪岩溶储水构造为一向斜构造，向斜两翼雾迷山组为主要含水层，东部以花岗岩体为边界，西部延至平谷县境内。

2. 平原覆盖型隐伏岩溶水

其包括西龙虎峪岩溶储水构造、蓟县城关岩溶储水构造、大康庄岩溶储水构造、下仓岩溶储水构造，上部有第四系覆盖，为高水头承压水。

西龙虎峪岩溶储水构造位于于桥水库以东山间盆地，面积约 250km^2，由高于庄组、雾迷山组构成主要含水层。上覆 $50\sim250\text{m}$ 第四系松散沉积层，东部和西北部为补给边界，北部以大红峪组为弱透水边界，但马兰峪弧形构造前缘断裂群，构成补给盆地的通道。南部为分水岭边界。该岩溶储水构造为一多层结构越流含水系统，岩溶水与上部孔隙水有密切水力联系，北部山麓地带有基岩"天窗带"，是越流补给的主要通道。主要富水地段在西代甲庄一带，单井涌水量多在 $5000\sim10\,000\text{m}^3/\text{d}$，局部大于 $10\,000\text{m}^3/\text{d}$。

蓟县城关岩溶储水构造分布于泗溜以北的山前平原，面积 60km^2，由雾迷山组构成主要含水层。为断块构造。主要接受来自北部和东部侧向径流补给，基岩顶板埋深 $50\sim150\text{m}$，单井涌水量多在 $3000\sim5000\text{m}^3/\text{d}$。

大康庄岩溶储水构造位于州河以东山前平原，面积 127km^2，西侧以上仓断裂为弱透水边界，南侧以洪水庄组泥质岩为隔水边界，北部和东部为补给边界。主要富水地段在大保安一带，第四系覆盖层厚 $150\sim300\text{m}$，单井涌水量 $3000\sim5000\text{m}^3/\text{d}$。

下仓岩溶储水构造位于下仓向斜两翼，西部和北部以寒武系泥质岩为隔水边界，以奥陶系灰岩为主要含水层，基岩埋深 $100\sim250\text{m}$，以地下径流接受来自区外上游孔隙水天窗带的越流补给。主要富水地段位于大杨各庄和北小胡一带，向南延入宝坻境内，单井涌水量 $5000\sim10\,000\text{m}^3/\text{d}$。

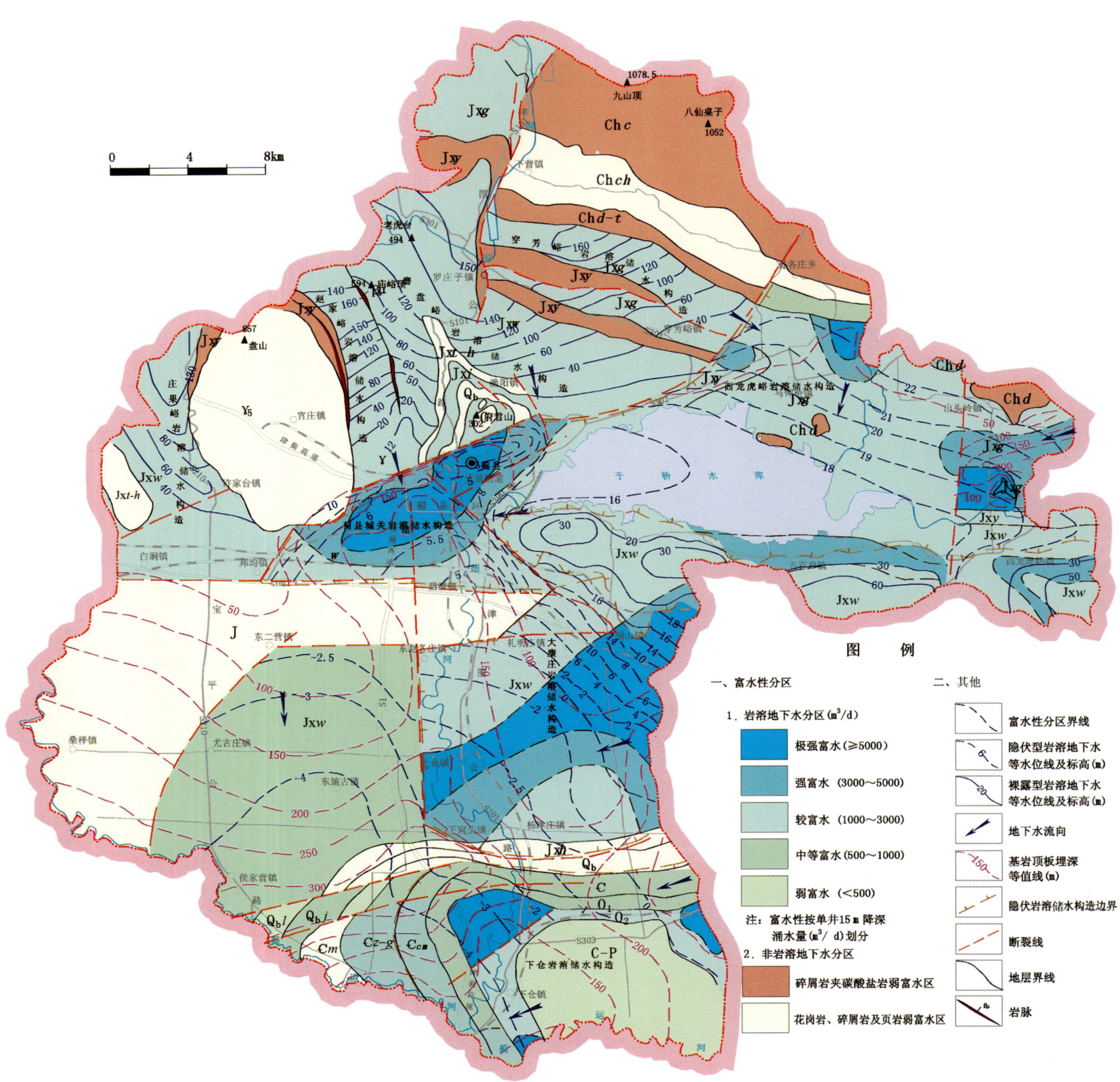

蓟县岩溶水文地质图

6.1.8 蓟县水文地质剖面图

本图主要反映了蓟县平原区及山间盆地地下水资源丰富地区的含水层垂向分布规律。在山前平原下部，分布着浅埋隐伏岩溶水，形成了蓟县城关、大康庄、宝坻-下仓等岩溶储水构造，含有水质优良、水量丰富的岩溶水；平原地下水的分布和富水特征受地貌和水系分布的影响，由北向南和东南，沉积层由冲洪积层过渡为冲积层，沿此方向，含水层颗粒变细，在含水层性结构上，由砂砾石层向南递变为中粗砂、中砂、中细砂，富水性变差。

剖面穿切了不同水文地质单元。地下水系统受地质构造、地貌、水文和古地理条件的控制。由剖面上可见，地质构造对水文地质条件有明显的控制作用，蓟县山前断裂控制古地理条件的演变，使断裂南北两侧地质结构和水文地质条件有很大差异，不仅控制含水层的粒度、结构、富水特征、基岩埋深、沉积厚度，而且对地下水质也有很大影响。断裂构造往往构成裸露和覆盖型岩溶储水构造的边界，控制岩溶水的发育和富水特征。

蓟县水文地质剖面图

6.1.9 蓟县地下水资源分布图

根据开采资源模数,可分为 4 个水资源区[资源模数(M)单位:$10^4 \text{m}^3/(\text{a}\cdot\text{km}^2)$]。

(1)资源丰富区($M>30$):主要分布于桥盆地,该带含水层颗粒粗,厚度大,有利于降水和河水入渗补给,同时又有来自上游丰富的侧向径流补给,开采条件下可形成较大的激发补给量。

(2)资源较丰富区($M=20\sim30$):主要分布于平原地区,该带含水层颗粒粗,入渗补给条件好,天然资源丰富。

(3)资源中等区($M=10\sim20$):主要分布于山区碳酸盐岩裸露区地区,该带含水层系统入渗条件好,降水补给量大,但资源分布受基岩岩溶发育的不均一性影响很大,且侧向径流流出量很大。

(4)资源贫乏区($M<10$):主要分布于山区盘山花岗岩及下营至孙各庄常州沟组砂岩、串岭沟组页岩分布区。该带裂隙发育相对较弱,含水层较薄,地下水补给量多变为地表径流流走,补给条件差,补给资源贫乏。

隐伏岩溶水水资源丰富区,主要分布于宝坻-下仓岩溶储水构造、蓟县城关岩溶储水构造;资源较丰富区($M=5\sim10$)分布于西龙虎峪岩溶储水构造、大康庄岩溶储水构造,其中西龙虎峪岩溶储水构造在开采条件下,由孔隙水越流补给转化的激发补给量,开采模数将增大。

蓟县乡镇一览表

乡镇编号	乡镇名称	乡镇编号	乡镇名称	乡镇编号	乡镇名称	乡镇编号	乡镇名称
1	渔阳镇	8	桑梓镇	15	杨津庄镇	22	穿芳峪镇
2	洇溜镇	9	东二营镇	16	侯家营镇	23	孙各庄乡
3	邦均镇	10	东赵各庄镇	17	下窝头镇	24	马伸桥镇
4	白涧镇	11	礼明庄镇	18	下仓镇	25	出头岭镇
5	别山镇	12	尤古庄镇	19	许家台镇	26	西龙虎峪镇
6	五百户镇	13	东施古镇	20	罗庄子镇		
7	官庄镇	14	上仓镇	21	下营镇		

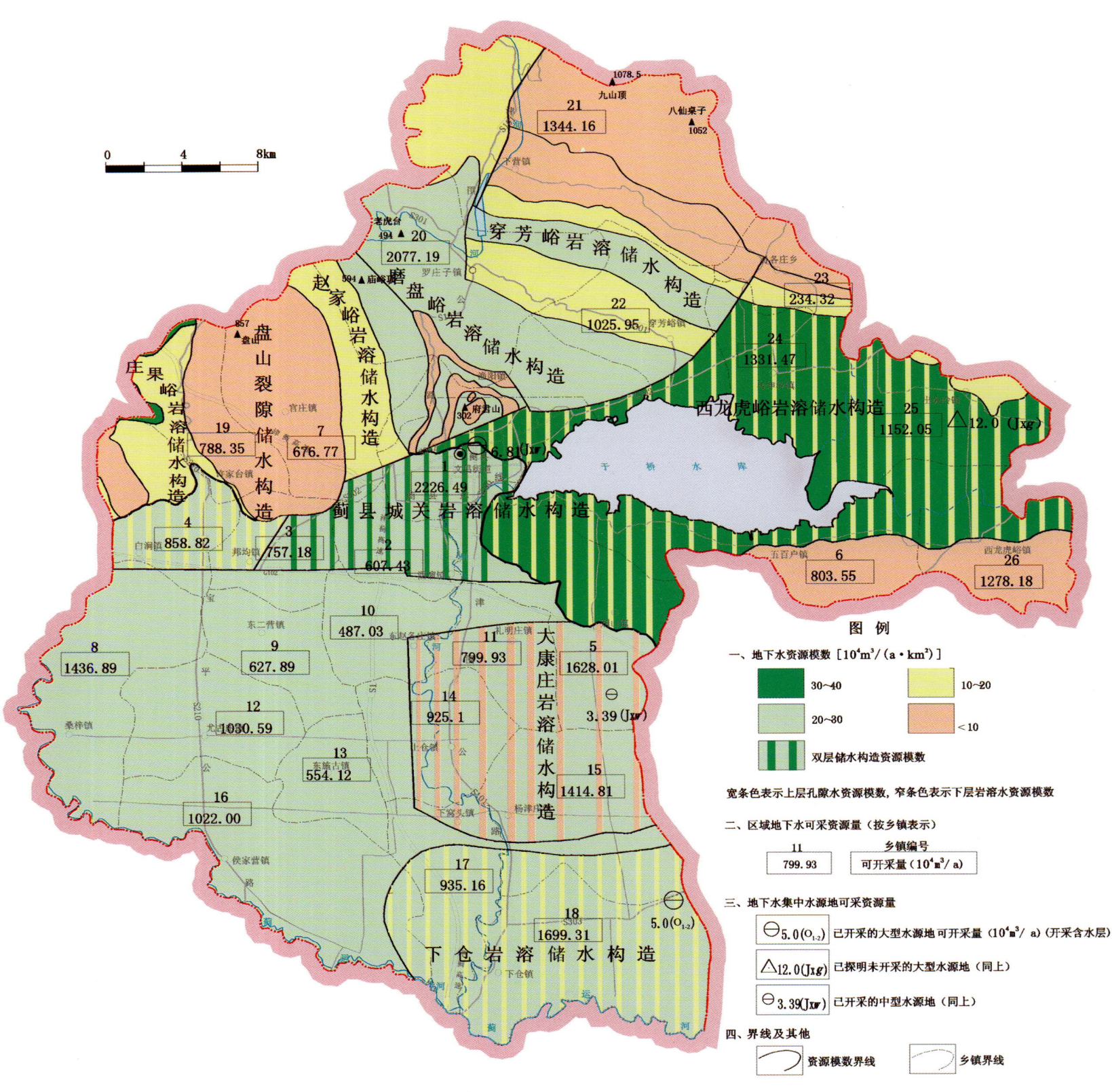

蓟县地下水资源分布图

6.1.10　蓟县地下水资源开发区划建议图

本图主要反映地下水资源开发利用现状、采补平衡状况、开采潜力及合理开发利用方向。地下水资源量数据采用天津市环境地质研究所与蓟县地下水资源管理办公室于1995年共同编写的《天津市蓟县地下水资源开发利用区划报告》。地下水开采量为蓟县地下水资源管理办公室2011年统计数据。

地下水开采潜力按地下水开采潜力指数P（P=可采资源量/实际开采量）来评价。$P>1.2$为有开采潜力，可扩大开采量，为可扩大开采区；$0.8 \leqslant P<1.2$为采补平衡，可维持现状开采区；$P<0.8$为超采区，应调减，为减小地下水开采区。在可扩大开采区，根据开采潜力指数，可分为可大幅扩大开采区（$P \geqslant 3$），扩大开采区（$P=2\sim3$），适量扩大开采区（$P=1.2\sim2$）。根据2011年开采量数据，蓟县各乡镇均不超采，分为可扩大开采区和可维持现状开采区。

1. 可扩大开采区

蓟县从山区到平原区大部分地区都为有开采潜力，可扩大开采。蓟县山区以利用岩溶裂隙水为主，山前平原区以开采浅层水为主。由北向南地下水赋存条件和开发利用条件逐渐变差。

可大幅扩大开采区：开采潜力指数多大于3，开采潜力较大，主要分布于除官庄镇以后的山区各乡镇。山区地下水开采量较小，补给条件好，可较大幅度扩大开采。

扩大开采区：开采潜力指数多在2～3之间，开采潜力中等，包括官庄镇、城关镇、别山镇及位于山间盆地的出头岭镇。位于山前平原的蓟县城关水源地、大康庄水源岩溶地下水开采潜力在2～3之间，为扩大开采区。

适量扩大开采区：开采潜力指数多为1.2～2之间，开采潜力较小，分布于平原区中北区大多数乡镇。该区补给条件也较好，虽目前开采强度已达$(10\sim15)\times10^4 m^3/(a\cdot km^2)$，地下水水位无明显下降，表明尚有一定的潜力，多年地下水位保持基本稳定。

2. 可维持现状开采区

开采潜力指数在0.8～1.2之间，处于采补基本平衡状态，可维持现状开采，主要包括平原区南部侯家营和中部的上仓镇，地下水开采潜力指数分别为1.15和1.19。

就全县而言，在目前开采现状条件下，南部平原剩余开采量$5838\times10^4 m^3/a$，岩溶水剩余开采量$8325\times10^4 m^3/a$。

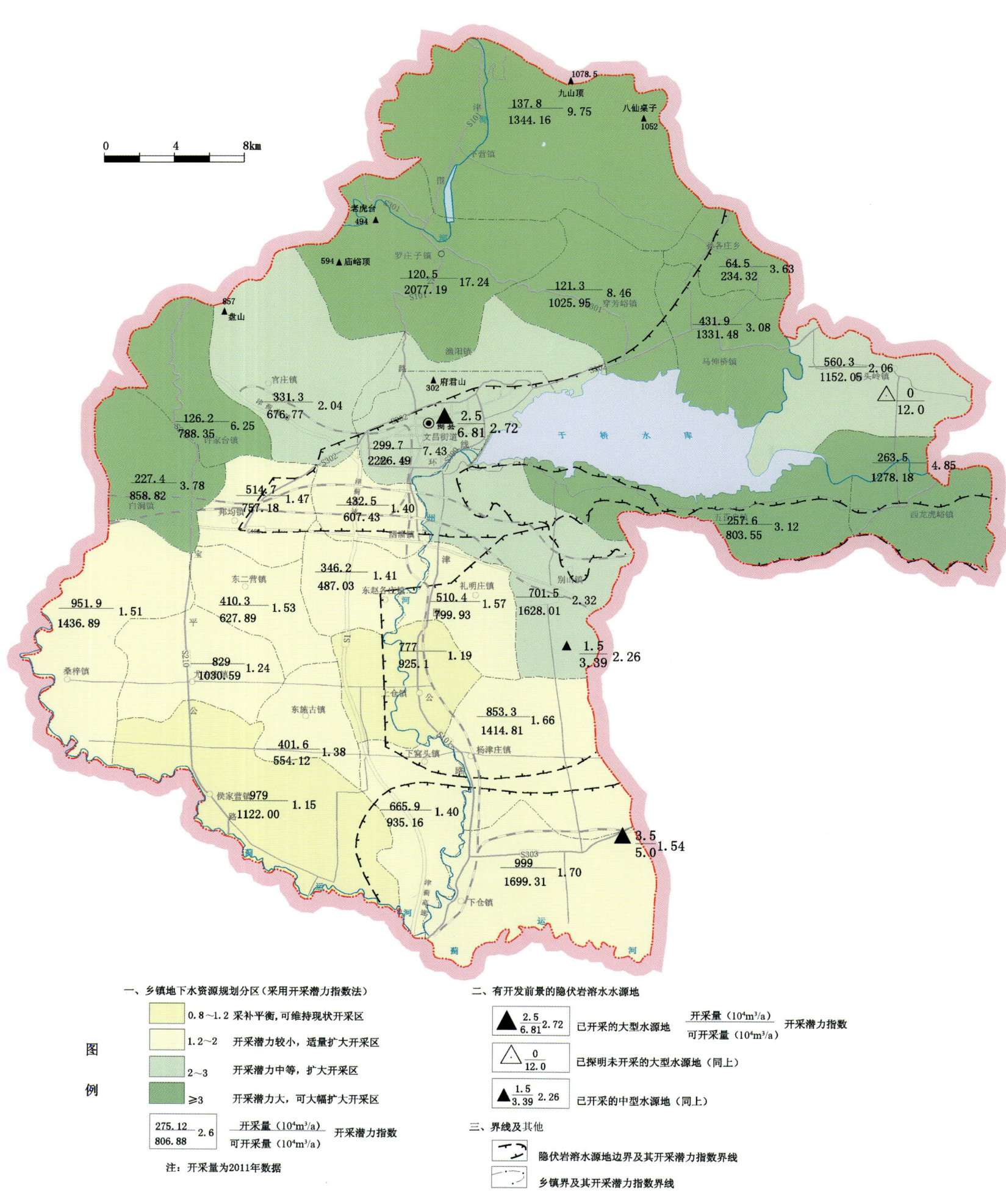

蓟县地下水资源开发区划建议图

6.2 工程地质专题

6.2.1 蓟县环境工程地质图

1. 岩土体工程地质特征

蓟县地势北高南低,北部为中低山丘陵和山间盆地,南部为平原和洼地。本区岩石地层由太古宇、中新元古界、古生界、中生界、新生界构成。根据地层建造类型、结构和岩石强度特征划分为6种岩石类型,14个工程地质岩组,即:①坚硬块状变质岩类(坚硬块状片麻岩组);②坚硬—较坚硬块状侵入岩类(花岗岩组和正长岩组);③坚硬块状喷出岩类(火山角砾岩、粗面岩组);④坚硬—软弱碎屑岩类(砂砾岩、石英岩状砂岩组、软弱页岩组);⑤坚硬—较坚硬层状碳酸岩类(白云岩组、白云质灰岩组、含砂泥质泥晶白云岩组);⑥松散土类(黏性土、砂类土、黄土状土、卵砾碎石土、淤泥及淤泥质土)。本区前第四纪基岩分别属前五种类型。第四系属松散土类,具黏性土—砂类土的双层结构。

结合《岩土工程勘察规范》(GB50021—2001),断裂按地震工程分类的要求,蓟县断裂均属第四纪全新世活动断裂。

1. 主要环境工程地质问题

(1)边坡稳定问题。北部山区地貌条件较复杂,与河北省兴隆县交界处山势高耸陡峭,沟谷狭窄,地形坡度较大,受节理裂隙切割易形成危岩导致崩塌和滑坡;坚硬岩组间的软弱层在外营力和灾害气候的作用下,是产生滑坡、崩塌和泥石流的不良工程地质层。

(2)软土问题。在本区山前冲洪积扇的前缘,分布一套淤泥和淤泥质土,其中夹多层泥炭层。由于该土层具有高孔隙比、高含水量、低渗透性、高压缩性、低抗剪性,流变性和有机质含量高的特征,对地基稳定有直接影响,应引起注意,在平原区东部也有该类土层发育。

(3)砂土液化。唐山地震后,本区泗溜、杨庄子、下仓、蓟运河一带,多处发生喷砂冒水,泗溜、下仓一带喷砂冒水达70余处。这是液化的表现形式之一,说明这一带新近沉积的砂、亚砂土抗液化能力较低。

(4)水库浸没。于桥水库东部,淋河与黎河之间地形平坦,水库蓄水后使该区壅水,地面高程接近地下水位,造成大面积浸没,浸没区地下水位埋深按3m为界,面积约25km^2。

3. 环境工程地质稳定性分区

区域稳定性,发育在山区沟谷阶地上中更新世以来的松散堆积显示,本区有新构造运动发生,表现为山区阶段性的抬升和平原区阶段性的沉降。蓟县断裂和泗溜断裂可能是控制山区抬升和平原沉降的活动断裂。

环境工程地质稳定性分区与评价通常考虑以下3个主要因素:控制工程地质条件的主要因素区域构造的稳定性;土体的稳定性即介质的稳定性;地面稳定性即外动力地质作用的发育程度以及由此而形成的地貌类型。综合上述因素,结合环境工程地质的相似性,将本区划分为稳定区(Ⅰ)和基本稳定区(Ⅱ)。稳定区细分为蓟县山地丘陵区(Ⅰ$_1$)和蓟县山区剥蚀堆积山间盆地区(Ⅰ$_2$),基本稳定区细分为蓟县山前断裂以南大夯上至青甸洼一线以北冲洪积平原区(Ⅱ$_1$)和以南冲积平原区(Ⅱ$_2$)。

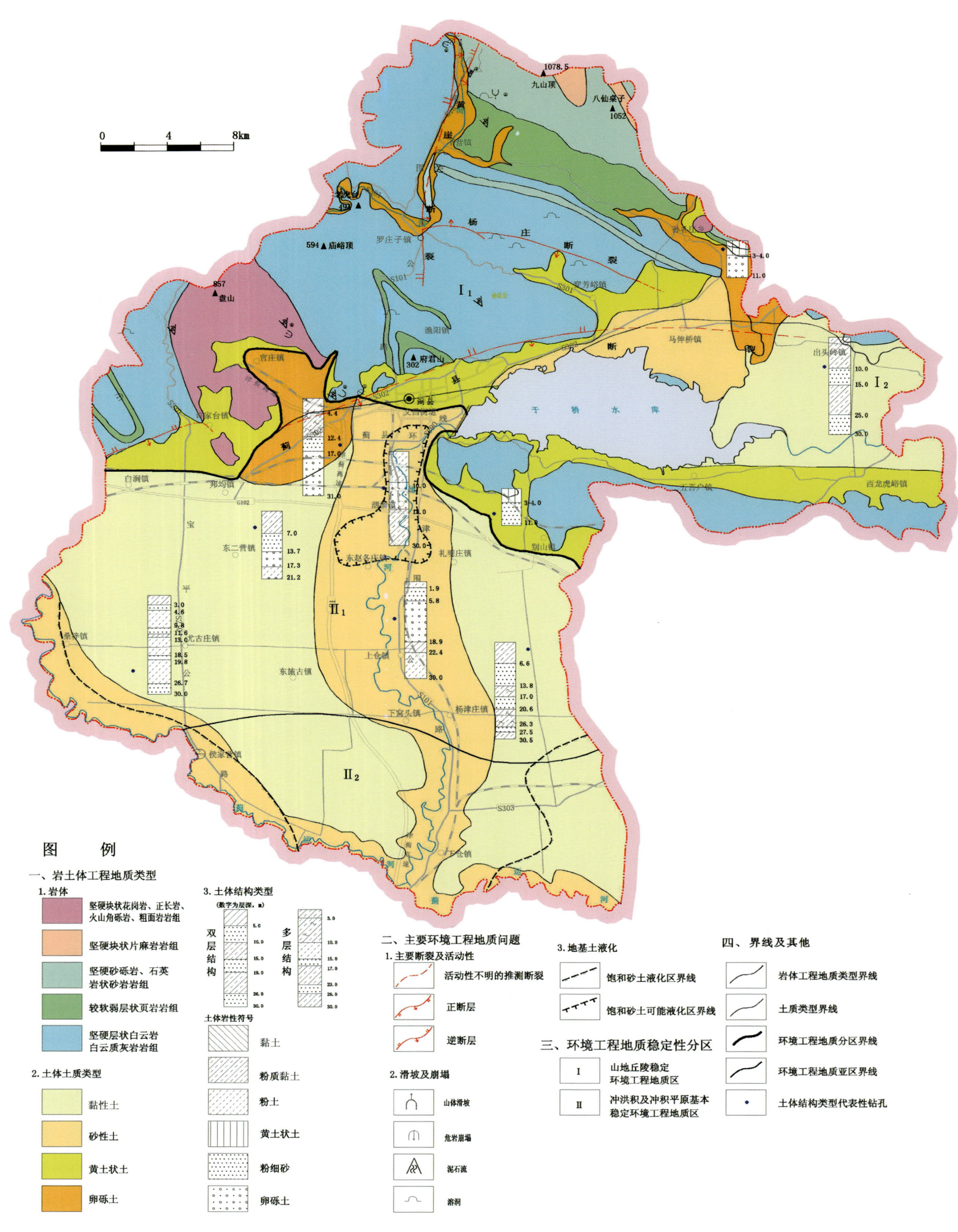

蓟县环境工程地质图

钻孔综合工程地质柱状图

层号	成因时代	土层岩性描述	层底深度 (m)	地层厚度 (m)	层底标高 (m)	柱状图比例尺 1:200	取样位置 (m)	样号	含水量 ω (%)	重力密度 γ (kN/m³)	土粒比重 G_s	孔隙比 e	液限 ω_L (%)	塑限 ω_P (%)	塑性指数 I_P	液性指数 I_L	压缩系数 $\alpha_{0.1-0.2}$ (MPa⁻¹)	压缩模量 $E_{s0.1-0.2}$ (MPa)	直剪 黏聚力 c_q (kPa)	直剪 内摩擦角 φ_q (°)
Ⅰ	Q^{ml}	素填土：褐色，松散，以粉质黏土为主，含砖头、碎石	2.50	2.50	21.90		1 2.50~2.70	1	26.5	19.3	2.72	0.780	26.2	16.1	10.1	1.03	0.460	3.90		
Ⅱ	Qh^{pal}	粉质黏土：黄褐色，软塑，湿，粉粒含量偏高，底部含少量碎石	3.60	1.10	20.80		2 3.40~3.60	2	24.6	19.6	2.70	0.720	26.4	15.6	10.8	0.84	0.450	3.87	24.5	3.9
Ⅲ₁		角砾：灰白色，稍密，饱和，骨架颗粒质量占60%，主要为白云岩，分选磨圆差，最大粒径70mm，一般粒径5~20mm，含少量充填物为粉质黏土	5.30	1.70	19.10		3 5.50~5.70	3	30.9	18.9	2.73	0.890	35.7	20.5	15.3	0.68	0.380	4.95	58.0	4.9
Ⅲ₂	Qp^{3pl}	粉质黏土：棕红色，可塑，饱和，见锈染，含少量锰核，土质不均，局部含10~20mm的角砾					4 7.00~7.20	4	32.9	19.0	2.73	0.910	35.2	20.0	15.2	0.85	0.420	4.58	52.0	2.2
							5 8.50~8.70	5	29.0	19.3	2.72	0.820	34.0	19.5	14.5	0.65	0.380	4.75	41.0	4.4
							6 10.00~10.20	6	28.8	19.1	2.73	0.840	34.5	19.7	14.8	0.61	0.310	5.90	45.0	5.2
							7 11.50~11.70	7	26.4	19.8	2.71	0.730	29.4	18.5	11.0	0.73	0.430	4.03	31.0	5.8
							8 13.00~13.20	8	27.4	19.7	2.70	0.750	29.6	17.8	11.8	0.82	0.330	5.33	24.0	3.9
							9 14.50~14.70	9	26.8	19.2	2.71	0.790	31.7	20.5	11.3	0.56	0.290	6.28	36.0	12.5
							10 16.00~16.20	10	25.4	19.2	2.72	0.780	31.7	18.9	12.8	0.51	0.190	9.16	41.0	12.0
							11 18.00~18.20	11	24.2	19.8	2.71	0.700	28.4	18.1	10.3	0.59	0.350	4.89	30.5	5.8
							12 20.00~20.20	12	23.6	19.5	2.73	0.730	32.9	18.4	14.4	0.35	0.310	5.65		
							13 22.00~22.20	13	26.9	19.3	2.71	0.780	29.3	18.5	10.8	0.78	0.280	6.46		
							14 24.00~24.20	14	28.3	19.0	2.72	0.840	29.4	16.3	13.1	0.92	0.380	4.82		
			26.70	21.40	−2.30		15 26.00~26.20	15	25.2	19.7	2.72	0.730	29.6	17.6	12.0	0.63	0.300	5.78		
Ⅲ₃		角砾：棕红色，中密，饱和，骨架颗粒质量占60%~70%，主要为白云岩，分选磨圆差，一般粒径5~20mm，含少量碎石，最大粒径100mm，充填物为粉质黏土	28.40	1.70	−4.00															
Ⅲ₄		黏土：棕红色，硬塑，饱和，见锈染，含锰核，土质较均					17 30.00~30.20	17	27.8	19.5	2.76	0.810	48.7	25.9	22.9	0.09	0.200	9.14		
							18 31.00~31.20	18	27.6	19.7	2.76	0.790	48.9	26.0	22.9	0.07	0.230	7.87		
			32.40	4.00	−8.00		19 32.00~32.20	19	25.4	19.7	2.75	0.750	50.0	25.0	25.0	0.02	0.330	5.34		
Ⅲ₅		角砾：棕红色，密实，饱和，骨架颗粒质量占70%，主要为白云岩，分选磨圆差，一般粒径5~20mm，含少量碎石，最大粒径100mm，充填物为粉质黏土	36.20	3.80	−11.80															
Ⅳ	Qp^{2pl}	黏土：棕红色，可塑，饱和，见锈染，含锰核，其中含有未风化的角砾					20 39.00~39.20	20	32.8	18.2	2.76	1.010	49.3	26.0	23.3	0.29	0.230	8.72		
			44.50	8.30	−20.10		21 40.00~40.20	21	44.7	17.7	2.75	1.250	47.5	25.3	22.3	0.88	0.280	8.15		
Ⅴ	Jxw	白云岩：灰白色，呈碎屑状，结构基本破坏，但尚可辨认，强风化	50.00	5.50	−25.60															

注：资料出自《蓟县城乡总体规划工程地质勘察报告》。

6.2.2 蓟县场地类别分区图

根据《建筑抗震设计规范》(GB50011—2010)对场地类别进行划分,场地类别划分是依据场地覆盖层厚度和等效剪切波速两者确定。覆盖层厚度是指地面至剪切波速大于500m/s的坚硬土层(或岩石层)顶面的距离。等效剪切波速是以20m以上土层(当覆盖层厚度<20m时,按覆盖层深度计)的实测剪切波速按公式 $V_{SC} = d_0 / \sum_{i=1}^{n}(d_i/V_{si})$ 求得。

根据天津市蓟县钻孔剪切波速测试资料,蓟县场地第四纪松散沉积土层的等效剪切波速值均在 $250m/s \geqslant V_{SC} > 150m/s$ 范围内,场地土类型为中软场地土。因此,场地类别划分主要依据场地覆盖层厚度确定,当覆盖层厚度 $d_{OV} < 3m$ 时,场地类别为Ⅰ类,当覆盖层厚度在 $3m \leqslant d_{OV} \leqslant 50m$ 时,场地类别为Ⅱ类,当覆盖层厚度 $d_{OV} > 50m$ 时,场地类别为Ⅲ类。

Ⅰ类场地:基岩出露区及基岩埋深<3m的地区。

Ⅱ类场地:基岩埋深在3~50m的地区。

Ⅲ类场地:基岩埋深>50m的地区。

根据《中国地震动参数区划图》(GB18306—2001),本区地表水平峰值加速度为0.15g,但天津市工程地震研究中心《天津市蓟县城区地震小区划报告》(2007年5月),给出的地表峰值加速度建议值为0.18g(相当地震烈度Ⅶ度强),其结果稍高于上述图中该区域的参数,是综合考虑了本区地震与构造环境和场地工程地质条件获得更趋近于实际的结果。

与地表峰值加速度不同,本场区反应谱特征周期有明显的分区特征,根据本次地震动参数小区划的结果给出的相应建议值为0.50~0.70s,而《中国地震动参数区划图》给出的反应谱特征周期为0.40s,其结果差别较大,其原因是中国地震动参数区划图为全国平均Ⅱ类场地,而本场区大部分区域场地类别为Ⅲ类。

根据《蓟县城乡总体规划工程地质勘察报告》及收集资料编制此图。

6 专业成果篇

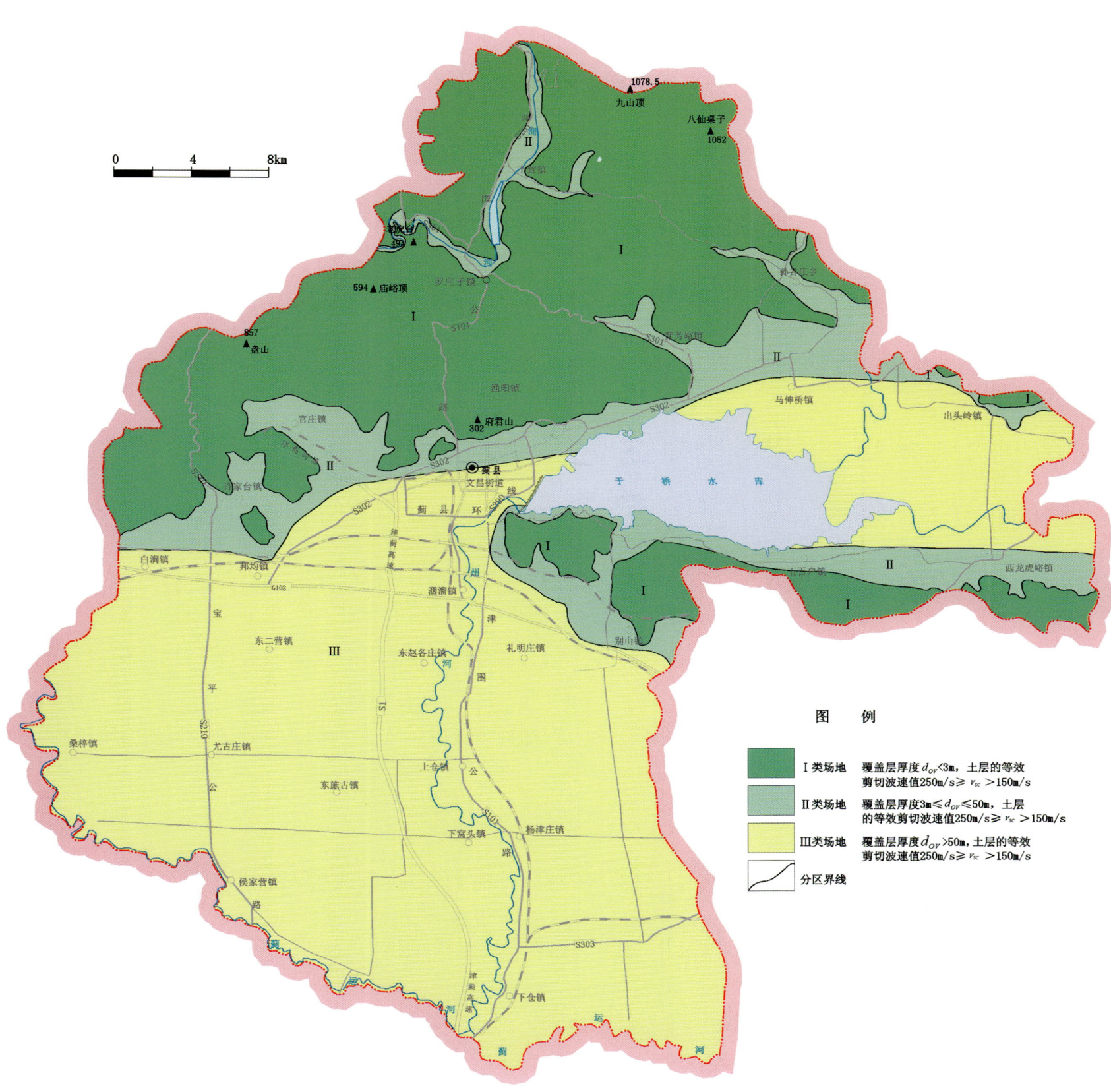

蓟县场地类别分区图

6.2.3 蓟县场地工程建设适宜性分区图

根据《城乡规划工程地质勘察规范》(CJJ57—2012)对场地工程建设适宜性进行评价,依据场地稳定性(场地地震效应、活动断裂、不良地质作用、地质灾害)、地形地貌、水文、工程地质和水文地质条件等确定场地工程建设适宜性级别。

场地稳定性分类

类别	动力地质作用影响程度
不稳定	符合下列条件之一:①强烈全新活动断裂带;②对建筑抗震的危险地段;③不良地质作用强烈发育,地质灾害危险性大的地段
稳定性差	符合下列条件之一:①微弱或中等全新活动断裂带;②对建筑抗震的不利地段;③不良地质作用中等—较强烈发育,地质灾害危险性中等地段
基本稳定	符合下列条件之一:①非全新活动断裂带;②对建筑抗震的一般地段;③不良地质作用弱发育,地质灾害危险性小的地段
稳定	符合下列条件:①无活动断裂带;②对建筑抗震的有利地段;③不良地质作用不发育

场地工程建设适宜性的定性分级

级别	分级要素	
	工程地质与水文地质条件	场地治理难易程度
不适宜	①场地不稳定;②地形起伏大,地面坡度大于50%;③岩土种类多,工程性质很差;④洪水或地下水对工程建设有严重威胁;⑤地下埋藏有待开采的矿藏资源	①场地平整很困难,应采取大规模工程防护措施;②地基条件和施工条件差,地基专项处理及基础工程费用很高;③工程建设将诱发严重次生地质灾害,应采取大规模工程防护措施,当地缺乏治理经验和技术;④地质灾害治理难度很大,且费用很高
适宜性差	①场地稳定性差;②地形起伏较大,地面坡度大于或等于25%且小于50%;③岩土种类多,分布很不均匀,工程性质差;④地下水对工程建设影响较大,地表易形成内涝	①场地平整较困难,需采取工程防护措施;②地基条件和施工条件较差,地基处理及基础工程费用较高;③工程建设诱发次生地质灾害的几率较大,需采取较大规模工程防护措施;④地质灾害治理难度较大或费用较高
较适宜	①场地基本稳定;②地形有一定起伏,地面坡度大于10%且小于20%;③岩土种类较多,分布较不均匀,工程性质较差;④地下水对工程建设影响较小,地表排水条件尚可	①场地平整较简单;②地基条件和施工条件一般,基础工程费用较低;③工程建设可能诱发次生地质灾害,采取一般工程防护措施可以解决;④地质灾害治理简单
适宜	①场地稳定;②地形平坦,地貌简单,地面坡度小于或等于10%;③岩土种类单一,分布均匀,工程性质良好;④地下水对工程建设无影响,地表排水条件良好	①场地平整简单;②地基条件和施工条件优良,基础工程费用低廉;③工程建设不会诱发次生地质灾害

根据蓟县的场地稳定性、工程建设适宜性的分级标准,将蓟县场地工程建设适宜性分为适宜、较适宜和适宜性差三级,不存在不适宜的地区。

适宜区Ⅰ:场地稳定(无活动断裂带,对建筑抗震的有利地段,不良地质作用不发育);地面坡度小于或等于10%;工程性质良好;地下水对工程建设无影响;排水条件良好。

基岩埋深小于10m,埋深3m以内见有卵砾石层,且其下伏层为基岩的地区。或基岩埋深小于50m,一般20~30m,上覆第四系地层工程地质特性良好的地区。

较适宜区Ⅱ:场地基本稳定(不良地质作用弱发育,地质灾害危险性小);工程性质较差,或地面坡度大于10%且小于20%;地基条件和施工条件一般,基础工程费用较低,或地质灾害治理简单;地下水对工程建设影响较小;排水条件尚可。

根据地面坡度和工程地质特性可将工程建设较适宜区进一步划分为二级:Ⅱ$_1$区为基岩埋深大于50m,上覆第四系地层工程地质特性、地基条件和施工条件一般,基础工程费用较低的地区;Ⅱ₂区为基岩出露或基岩埋深小于3m,地面坡度大于10%且小于20%,不良地质作用弱发育,地质灾害危险性小的地区。

适宜性差区Ⅲ:稳定性差(不良地质作用中等—较强烈发育,地质灾害危险性中等);基岩出露或基岩埋深小于3m,地面坡度大于或等于25%且小于50%;地质灾害治理难度较大或费用较高。

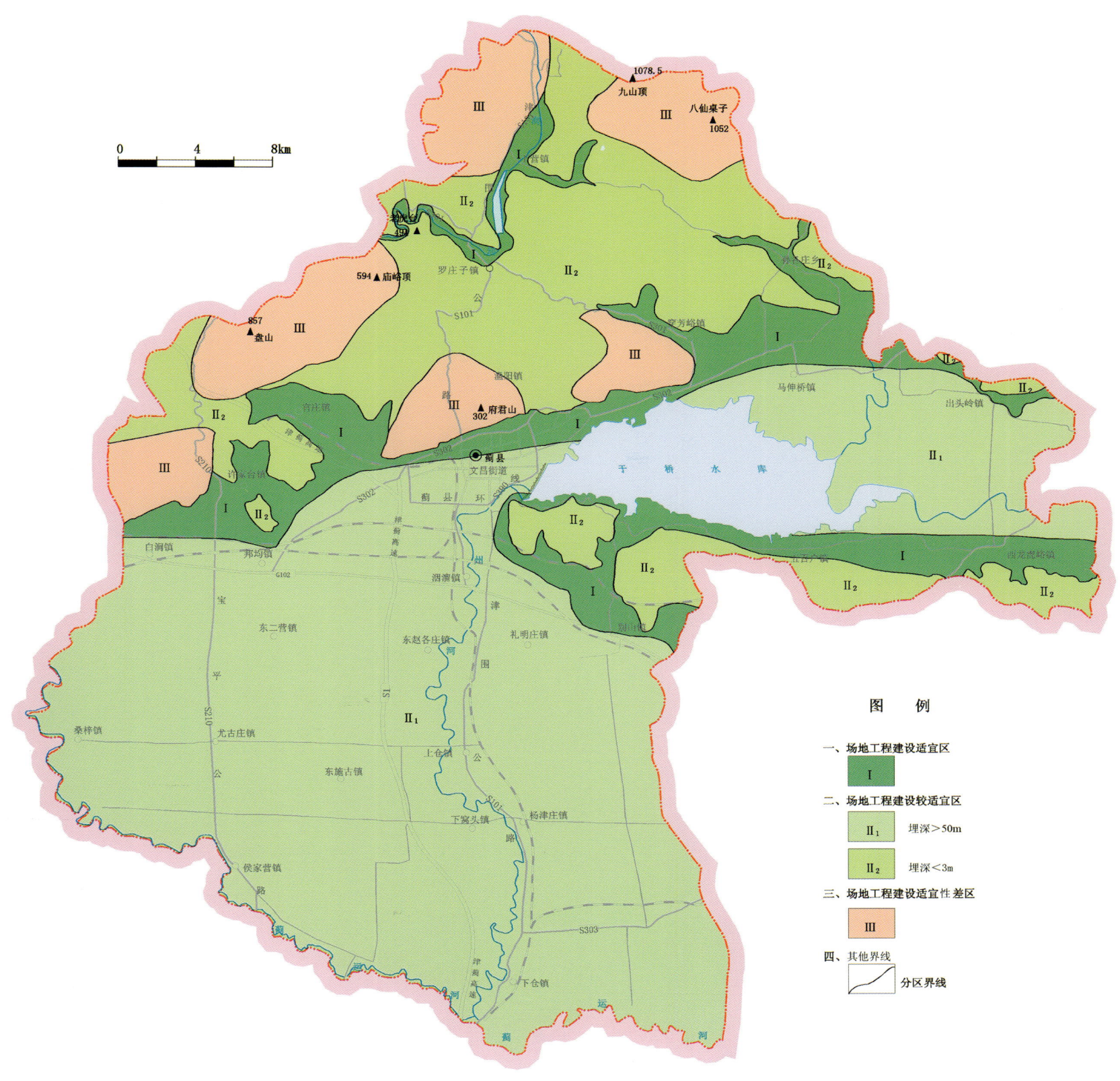

蓟县场地工程建设适宜性分区图

6.3 物探化探专题

6.3.1 蓟县土壤类型图

根据收集的第二次全国土壤普查成果资料编制而成。

蓟县土壤类型分类表

土类	亚类	土 属	编号	面积(km²)	分布
棕壤	山地棕壤	砂岩类山地棕壤	1	6.16	小港、下营
褐土	山地粗骨性褐土	砂岩类粗骨性褐土	2	11.26	洪水庄、城关、官庄、许家台、五百户、下营、邦均、白涧、罗庄子
		石灰性岩类粗骨性褐土	3	59.69	出头岭
		酸性岩类粗骨性褐土	4	10.65	官庄
	淋溶褐土	酸性岩类淋溶褐土	5	24.24	官庄、许家台
		石灰性岩类淋溶褐土	6	319.36	穿芳峪、罗庄子、白涧、翠屏山、小港、逯庄子、马伸桥、五百户、下营、别山、九百户、西龙虎峪、洪水庄、孙各庄、许家台、官庄
		砂岩类淋溶褐土	7	21.04	常州村、大南山
		页岩类淋溶褐土	8	1.91	小岭子
		黄土性母质淋溶褐土	9	72.64	城关、九百户、五百户、许家台、李庄子、别山、官庄、小港、罗庄子、穿芳峪、翠屏山、孙各庄、马伸桥、逯庄子、洪水庄、城关、西龙虎峪
		红土性母质淋溶褐土	10	17.43	穿芳峪、洪水庄、城关、九百户、西龙虎峪、五百户
		洪积冲积物母质淋溶褐土	11	20.49	下营、白涧、罗庄子
	石灰性褐土	石灰岩类石灰性褐土	12	29.09	白涧、逯庄子、洪水庄、城关、官场、官庄、下营、罗庄子、许家台
		洪积冲积物母质石灰性褐土	13	7.21	城关、下营、白涧
	褐土性土	洪积冲积物母质褐土性土	14	50.94	城关、李庄子、官庄、罗庄子、宋家营、泗溜、下营、马伸桥、孙各庄、小港、许家台
		洪积冲积物复石灰性褐土	15	25.37	许家台、下营、洪水庄
		洪积冲积物潮褐土	16	152.15	桑梓、官场、官庄、东赵、东塔、上仓、翠屏山、泗溜、侯家营、宋家营、罗庄子、白涧、孙各庄、出头岭、西龙虎峪、穿芳峪、李庄子、邦均、东二营、刘家顶
潮土	潮土	褐潮土	17	81.76	桑梓、泗溜、东赵各庄、东塔庄
		壤质潮土	18	169.66	礼明庄、杨津庄、龙古庄、城关、桑梓、下仓、西塔、寇各庄、下窝头、东塔、刘家顶、上仓、宋家营、泗溜、马伸桥、李庄子、别山、东赵、东塔、邦均
		黏质潮土	19	182.24	泗溜、寇各庄、下仓
	盐化潮土	氯化物硫酸盐盐化潮土	20	46.38	东施古、下窝头、东塔、上仓、寇各庄
		湿潮土	21	201.94	蒙瞿邬、大埝上
	湿潮土	氯化物硫酸盐盐化湿潮土	22	6.54	蒙瞿邬、龙古庄、东施古、青甸库区、下仓、东塔、大埝上、礼明庄、杨津庄、别山、上仓、下窝头、寇各庄
		苏打氯化物盐化湿潮土	23	2.17	三岔口、侯家营
		氯化物苏打盐化湿潮土	24	2.14	蒙瞿邬

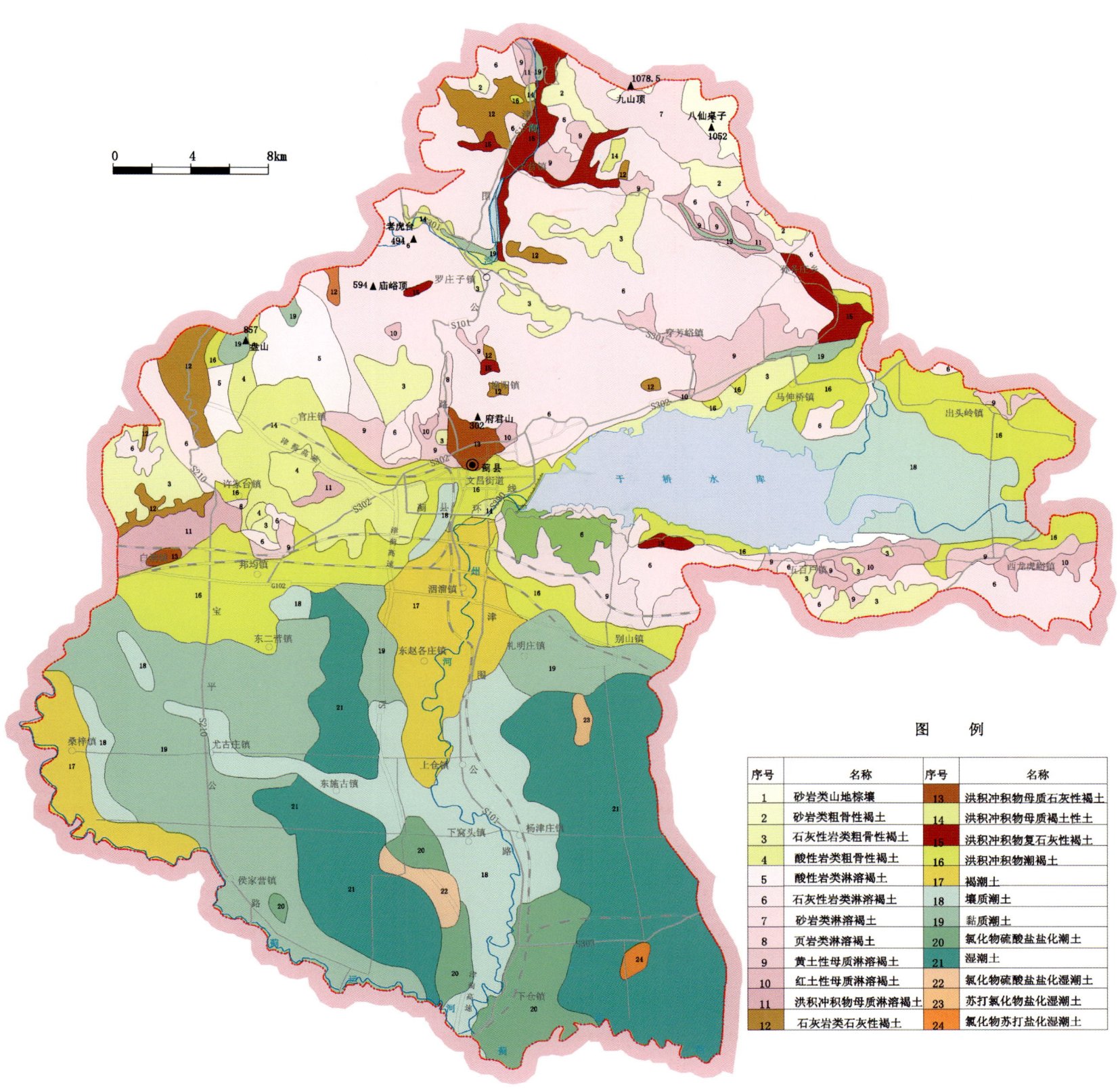

蓟县土壤类型图

6.3.2 蓟县浅层土壤地球化学综合异常图

根据"天津城市地质调查"项目中"天津市水土环境地球化学调查"子项目获得的 0~20cm 土壤层地球化学数据编制而成，该图可以用于矿山环境评价。

1. 异常下限的确定

根据天津市深层土壤分析结果，用累计频率法确定各元素异常下限，即在各元素累计频率 95%～97% 之间，根据元素含量分布特征确定异常下限。各元素异常下限值见下表。

土壤各元素异常下限值

元　素	Fe	Ca	Mg	K	Na	Si	Al	Co	Cr	Cu	Ni	Zn	Cd
异常下限	4.5	5.7	2.5	1.8	2.5	29.9	7.9	18	91	40	43	110	230
元　素	Mo	Sb	As	P	F	N	S	Se	Pb	B	Hg	Cl	I
异常下限	1.3	1.3	15	1200	750	1450	1000	0.4	40	73	0.1	2400	6
元　素	Au	Ag	Mn	Ba	Be	Bi	Br	C	Ce	Ga	Ge	La	Li
异常下限	4	120	880	700	2.9	0.5	20	2.5	85	21	2	45	60
元　素	Nb	Rb	Sc	Sn	Sr	Th	Ti	Tl	U	V	W	Y	Zr
异常下限	18	140	15	5	270	14	4500	0.8	2.8	112	2.8	27	270

2. 综合异常图的编制

根据各异常元素组合特点，结合地质、土壤特征，将元素进行组合，编制了综合异常图。在蓟县表层土壤共划分出 8 处异常（见综合异常图）。

3. 异常初步评价和分类

根据异常成因和性质分析，经初步评价，将全天津市表层土壤异常划分为四大类。

甲类异常：对找矿意义的异常，该类异常经进一步工作可能在找矿有所发现，编号 KTb，在蓟县表层土壤共有 4 个异常。

乙类异常：对基础地质有研究意义的异常，编号 CTb，在蓟县表层土壤有 2 个异常。

丙类异常：环境污染异常，主要是由于工农业生产和生活所造成的异常，编号 WTb，在蓟县表层土壤只有 1 个异常。

丁类异常：性质不明异常，根据目前掌握的资料和认识水平，无法判明的异常，编号 LTb，在蓟县表层土壤只有 1 个异常。

4. 异常排序

根据元素异常规格化面金属量（NAP）来评序异常。$NAP = \dfrac{\overline{Ca}}{T} \times S$（$\overline{Ca}$ 为异常平均值，T 为异常下限，S 为异常面积）。按异常规模大小，即各元素 $\sum NAP$ 值的累加值进行排序。异常评序结果见下表。

异常规模排序

编号	地　点	元　素　组　合	$\sum NAP$	顺序
WTb1	蓟县逯庄子	Ag、Pb、Mn、Zn、Tl、Cd、Bi、As、Zr	311	4
LTb1	蓟县大洪峪	Mn、B、K、Y、Rb、As、Mo、V、Tl	281	5
KTb1	蓟县前干涧	Mn、B、Tl、K、Mo、Ag、U、Au、Y、Co	220	6
KTb2	蓟县孙各庄	Au、La、Sr、Ce、Ba、Y	146	7
KTb3	蓟县朱耳峪	W、Cd	17	8
KTb4	蓟县盘山	W、Ba、Sr、Nb、Mo、Bi、Au、La、Ag、Be、Hg、Na、Sn、K	526	3
CTb1	蓟县杨庄	Li、F、Ge、Mg	1053	2
CTb2	蓟县下仓	Ti、Ga、Fe、Al、Co、Ni、Be、V、Cr、Nb、Rb	2444	1

5. 异常分析

①WTb1：该异常是由于冶炼厂遗撒的 Mn、Fe 矿粉引起的。②LTb1：该异常主要是由沉积型锰矿引起。③KTb1：异常主要是由沉积型锰矿叠加含矿低温热液引起。④KTb2：该异常主要是由孙各庄岩体及黄花山金矿引起。⑤KTb3：该异常主要是由朱

耳峪正长岩体及 W、Sn 矿化引起。⑥KTb4：该异常主要是由盘山花岗岩体及 W、Cu、Pb、Zn 等矿化引起。⑦CTb1：该异常主要是由杨庄和雾迷山组白云岩地层引起。⑧CTb2：该异常主要是由州河沉积成因的。

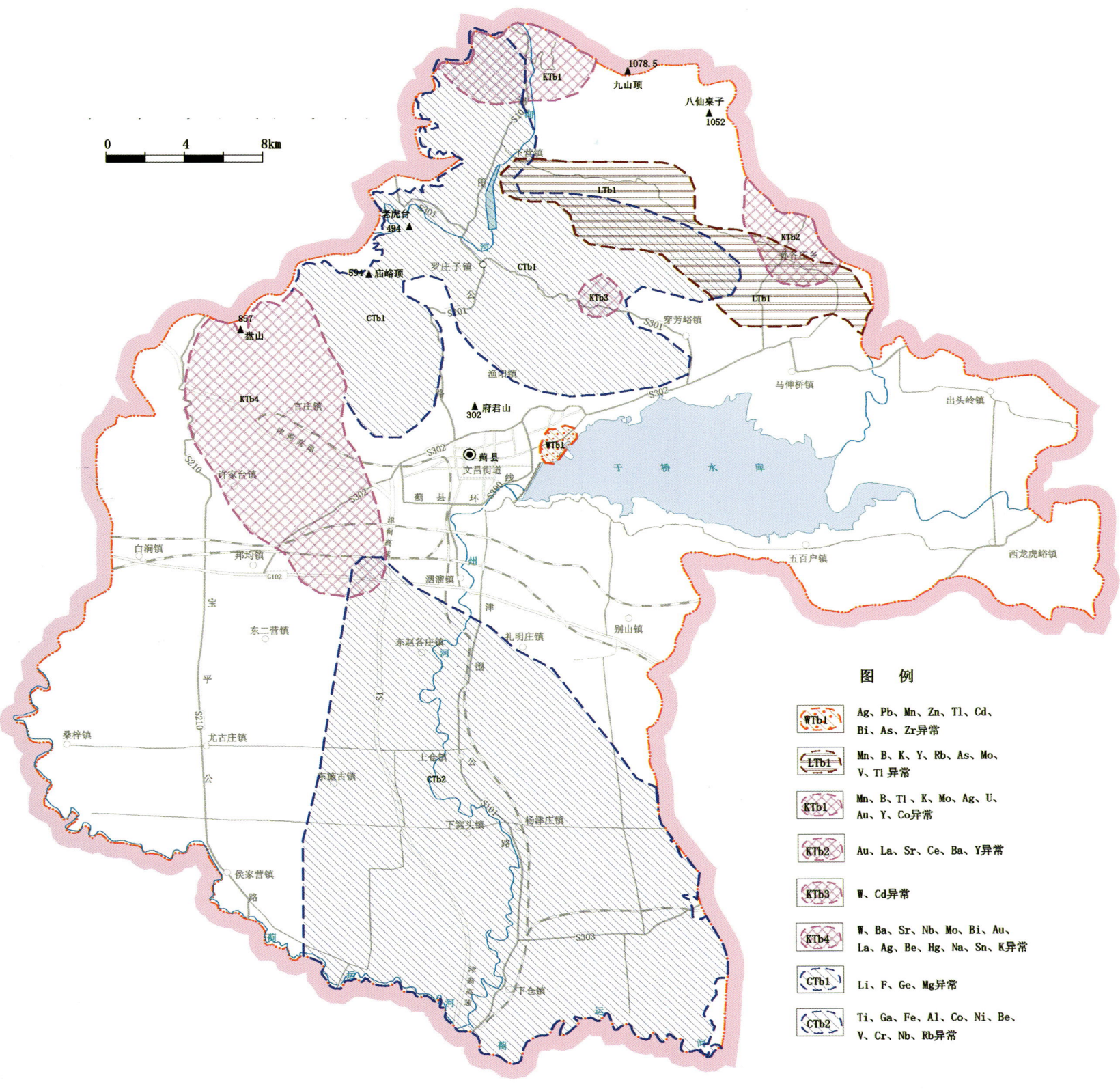

蓟县浅层土壤地球化学综合异常图

6.3.3 蓟县深层土壤地球化学综合异常图

根据"天津城市地质调查"项目中"天津市水土环境地球化学调查"子项目获得的土壤母质层地球化学数据编制而成,该图可以用于矿山环境评价。

1. 异常下限的确定

根据天津市深层土壤分析结果,用累计频率法确定各元素异常下限,即在各元素累计频率95%～97%之间,根据元素含量分布特征确定异常下限。各元素异常下限值见下表。

土壤各元素异常下限值

元 素	Fe	Ca	Mg	K	Na	Si	Al	Co	Cr	Cu	Ni	Zn	Cd
异常下限	4.5	5.7	2.5	1.8	2.5	29.9	7.9	18	91	40	43	110	230
元 素	Mo	Sb	As	P	F	N	S	Se	Pb	B	Hg	Cl	I
异常下限	1.3	1.3	15	1200	750	1450	1000	0.4	40	73	0.1	2400	6
元 素	Au	Ag	Mn	Ba	Be	Bi	Br	C	Ce	Ga	Ge	La	Li
异常下限	4	120	880	700	2.9	0.5	20	2.5	85	21	2	45	60
元 素	Nb	Rb	Sc	Sn	Sr	Th	Ti	Tl	U	V	W	Y	Zr
异常下限	18	140	15	5	270	14	4500	0.8	2.8	112	2.8	27	270

2. 综合异常图的编制

根据各异常元素组合特点,结合地质、土壤特征,将元素进行组合,编制了综合异常图(见综合异常图)。全区共划分出7处异常。

3. 异常初步评价和分类

根据异常成因和性质分析,经初步评价,将天津市深层土壤异常划分为四大类:

甲类异常:对找矿意义的异常,该类异常经进一步工作可能在找矿有所发现,编号KTa,蓟县深层土壤共有3个异常。

乙类异常:对基础地质有研究意义的异常,编号CTa,在蓟县深层土壤共有3个异常。

丙类异常:环境污染异常,主要是由于工农业生产和生活所造成的异常,编号WTa,在蓟县深层土壤没有异常。

丁类异常:性质不明异常,根据目前掌握的资料和认识水平,无法判明的异常,编号LTa,在蓟县深层土壤只有1个异常。

4. 异常排序

根据元素异常规格化面金属量(NAP)来评序异常。$NAP=\frac{\overline{Ca}}{T}\times S$($\overline{Ca}$为异常平均值,$T$为异常下限,$S$为异常面积)。按异常规模大小,即各元素$\sum NAP$值的累加值进行排序。异常评序结果见下表。

异常评序结果表

编号	地 点	元 素 组 合	∑NAP	顺序
LTa1	蓟县大红峪	K、B、Mn、Rb、V	169.55	5
KTa1	蓟县前干涧	Mn、Co、V、Ba	336.68	12
KTa2	蓟县孙各庄	Hg、W、Mo、Nb、Be	341.37	4
KTa3	蓟县盘山	W、Bi、Mo、Ag、Be、Ba、K	1074.39	3
CTa1	蓟县杨庄	F、Li、Ge、Mg	1246.09	2
CTa2	蓟县五百户	Ge、Li、F	94.31	6
CTa3	蓟县下仓	Ti、Ni、V、Co、Fe、Cr、Al、Y、Nb、Ga、Tl	3214.18	1

5. 异常分析

(1)LTa1:该异常主要是由沉积型锰矿引起。

(2)KTa1:该异常主要是由沉积型锰矿叠加含矿低温热液引起。

(3)KTa2：该异常主要是由孙各庄岩体及黄花山金矿引起。

(4)KTa3：该异常主要是由盘山花岗岩体及 W、Cu、Pb、Zn 等矿化引起。

(5)CTa1：该异常主要是由杨庄和雾迷山组白云岩地层引起。

(6)CTa2：该异常主要是由雾迷山组白云岩地层引起。

(7)CTa3：该异常主要是由州河沉积成因的。

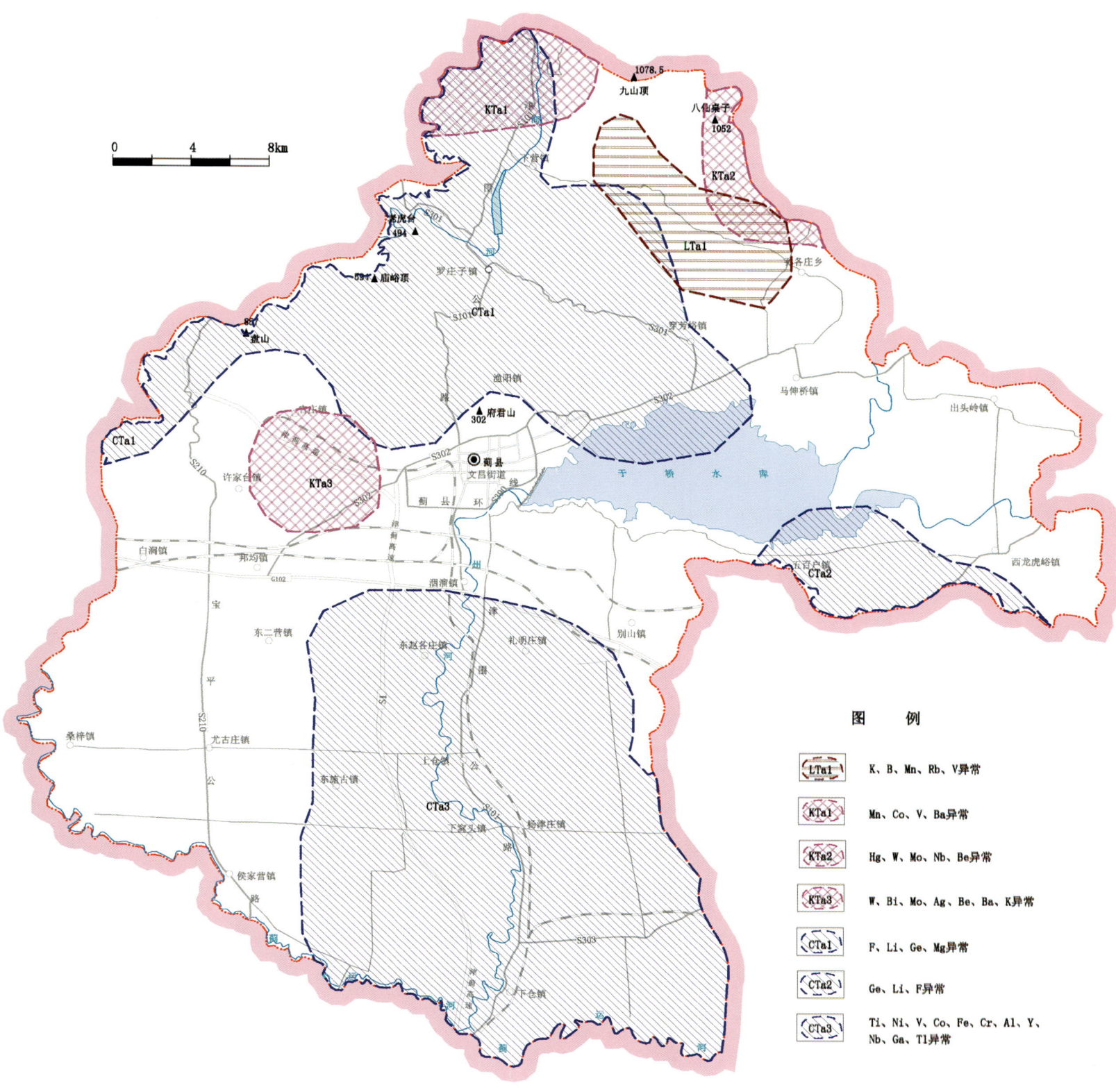

蓟县深层土壤地球化学综合异常图

6.3.4 蓟县土壤地球化学分区图

根据"天津城市地质调查"项目中"天津市水土环境地球化学调查"子项目获得的表层土壤地球化学数据编制而成，该图可以用于土地利用规划编制。

在对表层土壤地球化学数据进行因子分析和聚类分析基础上，选择能代表蓟县成土特征的3个因子，即：因子1(Fe－N－Co－V－Ga－Al－Cr－Sc－Cu－Ti－Be－Rb)，因子2(F－Li－Ge－Mg－Ba)，因子3(As－Sb－U－Y－Th)编制三元图，在此基础上编制土壤地球化学分区图。将蓟县划分为3个区，14个亚区，分区统计各区元素平均值，与全市土壤平均值对比，比值大于1.2的为高背景，小于0.8的为低背景，各地球化学分区特征见下表。土壤地球化学特征受母岩和地形地貌控制，总体上蓟县低山丘陵地球化学区中土壤元素变化比较大，多数亚区中土壤 Corg、N、Zr、Hg、Li、F、Se、Ge 等背景值高于全市土壤背景值，Ca、Cl、Br、Sr、Mg、Na 等背景值则明显低于全市土壤背景值；山前洪积地球化学区土壤中 Zr、Ge 背景值高于全市土壤背景值，Cl、Br、Ca、I、S、C、Mg 等背景值低于全市土壤背景值；河流冲洪积地球化学区除了个别元素在某些区富集外，大多数元素都处于中低背景区。

蓟县土壤地球化学分区特征表

地球化学分区		地球化学特征	母质类型	主要土壤类型
I 低山丘陵地球化学区	I-1:常州村亚区	高背景：Corg,N,Se,Hg,C,B,Zr,Au,I,Si 低背景：Ca,Cl,Mg,Br,Sr,Li,As,Cu,F	残坡积相	砂岩类淋溶褐土和山地棕壤
	I-2:串岭沟亚区	高背景：Au,Corg,N,Hg,Mo,B,Se,Nb,Zr,U,Ge 低背景：Cl,Ca,Br,Mg,Sr,Na,S,pH		黄土性母质淋溶褐土、褐土性土
	I-3:大红峪亚区	高背景：Au,Hg,Mn,B,N,Corg,Mo,Ge,Se,F,Zr,Li 低背景：Cl,Ca,Br,Mg,S,Na		石灰性岩类淋溶褐土
	I-4:杨庄亚区	高背景：Li,F,Ge,N,Corg,Mg,Au,Hg,Se,Ba,C,Mn 低背景：Cl,Br,Sr,Na,Ca		石灰性岩类淋溶褐土
	I-5:洪水庄亚区	高背景：Mn,Hg,Cd,N,Corg,Ge,C,F,Bi,Br,Pb 低背景：Cl,Br,Sr,Na,Ca		黄土性、红土性母质淋溶褐土、石灰性岩类淋溶褐土
	I-6:盘山亚区	高背景：W,Mo,Au,Bi,Na,Sr,Ba,Hg,Ag,Pb 低背景：Br,Ca,Cl,I,B,Cr,Ni,Sb,As,Mg,Li,S,Sc,Co,Zn		褐土性土、粗骨性褐土
	I-7:田家峪亚区	高背景：Hg,Mg,F,Li,Ba,Sn,Ge,N,Corg,Au,W,C 低背景：Br,Cl,B,Sc,Cr,Ni,Zn,Ag,Co,Mn,Cu,S,As		石灰性褐土、淋溶褐土
	I-8:庄果峪亚区	高背景：N,Mo,Zr,Corg 低背景：Cl,Br,Ca,S,Sr,I,Na		粗骨性褐土、淋溶褐土
	I-9:五百户亚区	高背景：Zr,Ge,Au,N,Li 低背景：Cl,Ca,Br,Sr,S,Ag,Mg,Zn		石灰性岩类淋溶褐土
II 山前洪积地球化学区	II-1:邦均-马伸桥亚区	高背景：Ag,Pb,W,Hg,Zr,Cd,Mn,Ge 低背景：Cl,Br,Ca,I,S,C,Mg	洪积相	潮褐土、粗骨性褐土
	II-2:别山亚区	高背景：Zr,Ge 低背景：Cl,Br,Ca,S,I,C,Sr,Mo,Mg,Zn		潮褐土、黏质潮土、湿潮土
III 河流冲洪积地球化学区	III-1:驹河亚区	高背景：Bi 低背景：Cl,Br,Ca,S,C,I	洪冲积相	褐潮土、壤质潮土、黏质潮土
	III-2:州河亚区	高背景：Au、Cr、Ni、W 低背景：Cl,Br,Ca,I,S,C		褐潮土、壤质潮土、湿潮土、盐化潮土
	III-3:淋河-沙河-黎河亚区	高背景：Na 低背景：Cl,Ca,Br,I,C,S,Mg,Sb,Mo,Bi,As,Li,Th,Ce,Zn,Corg,U		潮褐土、淋溶褐土、湿潮土

6 专业成果篇

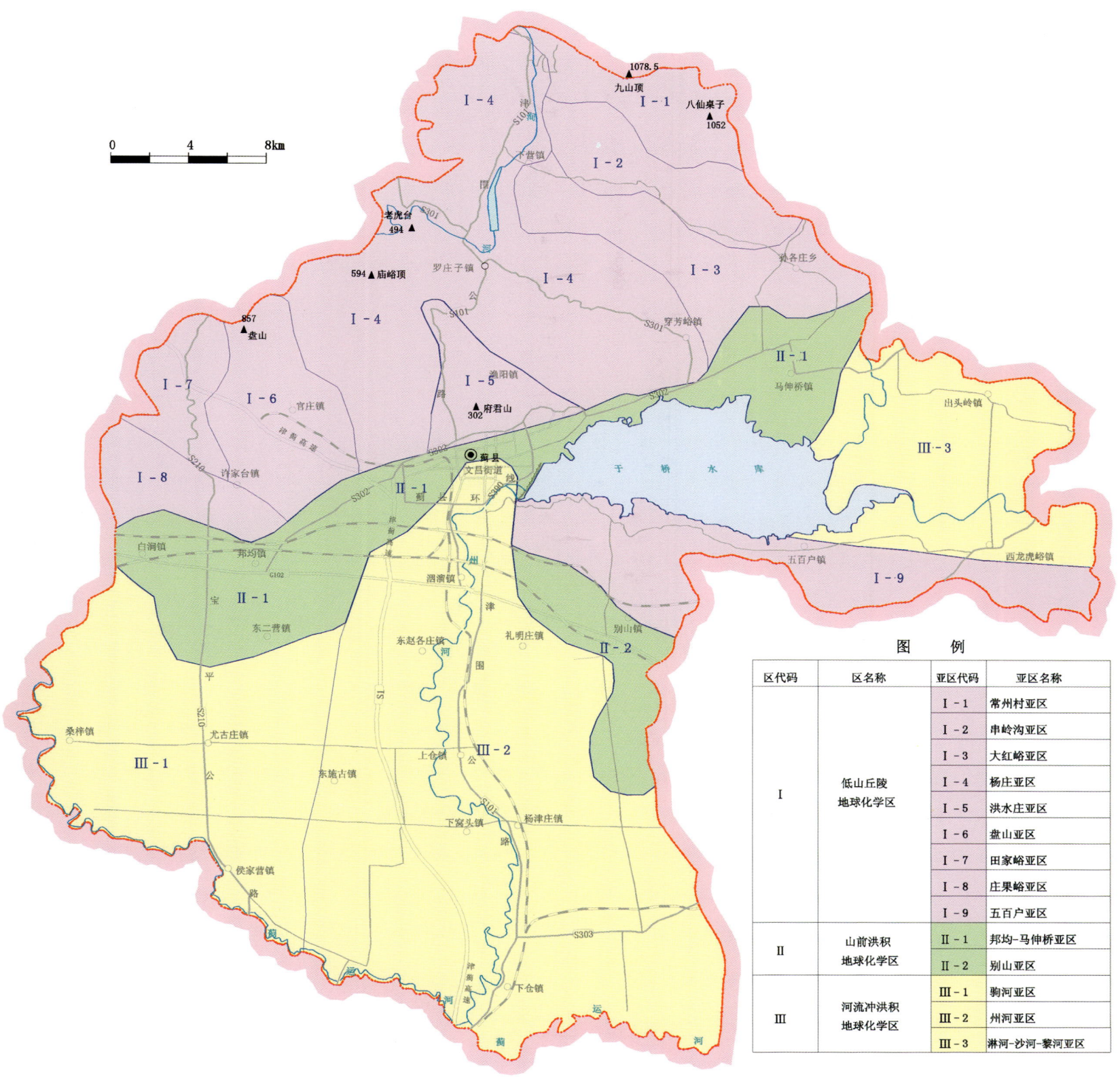

蓟县土壤地球化学分区图

6.4 蓟县剖面研究程度和重要成果

对蓟县剖面的研究已有70余年，这其中饱含了老一代地质工作者的不懈探索与追求，也体现了新一代地质科研人员的拼搏进取精神。将蓟县剖面的科研工作有序地开展起来。

在燕山山脉，中、晚元古代地层广泛出露于尚义—赤城—隆化以南地区，坳陷最强烈地段位于蓟县—宽城一带，层型剖面出露在天津市蓟县城北。其底界不整合在太古宙及早元古代变质岩之上，顶界被寒武系所覆盖。它们由一套未变质或轻变质的海相碳酸盐岩为主，部分碎屑岩、黏土岩，个别地段还有超钾质火山岩组成，赋存有工业价值的铁、锰、硫铁、铅锌、石英岩等矿产（在蓟县—宽城一带），中、晚元古代地层都以序列完整，厚度巨大，构造简单，沉积形象丰富，以及富含叠层石和多种地球早期生物化石为特征。

燕山中、晚元古代地层先后曾被称为"震旦层系""震旦系""震旦亚界"和"中、上元古界"等。1882年李希霍芬对北京市南口和太行山、五台山地区进行调查之后，首次将"震旦"一词用于地层专有名称——"震旦层系"。1907年维里士将该套地层的上界，限制在寒武系之下，称"震旦系"。1922年葛利普根据中央地质调查所的决定，明确限定"震旦系"为寒武系之下，"五台系"或"泰山系"古老变质杂岩之上，不变质或浅变质的沉积地层，并与北美的贝尔特（Belt）超群和大峡谷（Grand Canyon）超群对比。其所属时代或归入古生代或归为晚元古代。

20世纪30年代高振西等在蓟县城北至兴隆一带进行地质调查，发现蓟县剖面并著文发表，此后蓟县剖面即成为我国"震旦系"的标准剖面。目前所采用的长城、蓟县、串岭沟、大红峪、高于庄、杨庄、雾迷山、洪水庄、铁岭、景儿峪等各级地层单位名称，均由高振西1934年选自天津市蓟县城北山区地名。在高振西的地层划分中，下马岭一名沿用1920年叶良辅的命名，命名地点在北京市门头沟区下马岭村；青白口为高振西等选自下马岭村西南4km的村名。

20世纪50年代，对蓟县和燕山的"震旦系"继续做了不少工作，发表文章的有董南庭、陈晋镳、孙云铸、申庆荣和廖大从等。其中最重要的进展是孙云铸等提出原景儿峪组上部应属下寒武统，它与原景儿峪组下部之景儿峪组（震旦系）之间有一不整合面，并命名为"蓟县运动"。标准地点在蓟县城北府君山。这一认识到60年代初就因在原景儿峪组上部灰质白云岩石中发现三叶虫化石而完全证实。

1959年第一次全国地层会议肯定了燕山地区是"震旦系"在华北最发育的地区，标准地点在蓟县城北，并将其划分为（由上而下）青白口统、蓟县统和长城统。20世纪60年代，天津地质矿产研究所（原地质部地质科学院华北地质研究所）系统地对蓟县剖面做了岩石地层学、生物地层学、同位素地质年代学和地球化学的研究；邢裕盛等做了微古植物的研究；河北省区测队对燕山地区进行了系统地1:20万区域地质调查工作。在此期间，王曰伦、刘鸿允等还讨论了我国南、北方"震旦系"的分类、对比、时代隶属等问题。

在1975年，为配合编制亚洲地质图，中国地质科学院召开了前寒武系座谈会，会上提出了一个关于震旦地层全国性试行方案，将三峡剖面为代表的南方"震旦系"置于以蓟县为代表的北方"震旦系"之上，统称为震旦亚界，划分为4个地层单位：自下而上为长城系、蓟县系、青白口系和震旦系，均属元古界。同年8月华北前寒武系座谈会上将景儿峪组下部的碎屑岩单独建组称"龙山组"（后改为长龙山组），并重申了团山子组单独划分的意义。

此后，以蓟县剖面和三峡剖面为标准，在原国家地质总局和地质矿产部支持下，1976—1982年在王曰伦、陈晋镳领导下，先后两次开展了全国性的震旦亚界研究（1976—1978年和1981—1982年），同时也大大推动了蓟县及其邻区震旦亚界的进一步研究。与蓟县剖面研究有关的代表性成果有中科院贵阳地化所（钟富道）提出的《从燕山地区震旦地层同位素年龄论中国震旦地质年表》（1977），天津地质矿产研究所（朱士兴）、南京古生物研究所（曹瑞骥、赵文杰）和内蒙古自治区地质矿产勘查开发局（梁玉左）合作的《蓟县震旦亚界叠层石的研究》（1979），以及陈晋镳、张惠民、朱士兴等的《蓟县震旦亚界的研究》（1980）等。这些成果除分别提出蓟县剖面的年代格架、叠层石组合和地层研究的最新成果外，都主张在原长城系（群）和蓟县系（群）之间再分出一个南口系（群）。1982年3月，晚前寒武纪地层分类命名会议决定废除"震旦亚界"一名，改为中、上元古界。按此决定，蓟县剖面的长城系（18亿~14亿年）和蓟县系（14亿~10亿年）为中元古界，上部的青白口系（10亿~8亿年）和三峡剖面的震旦系（8亿~6亿年）为上元古界。1983年以后，对蓟县地区的中、上元古界虽然再未开展大规模的综合研究，但专题性的研究一直延续至今，并在许多领域取得了重要的新资料和突破性进展，其中最主要的有：

(1) 在古生物研究方面,在进行长期生物地层学研究基础上,以蓟县剖面的研究资料为主,先后提交了《晚前寒武纪假裸枝叠层石》(梁玉左等,1984)、《中国晚前寒武纪古生物》(邢裕盛等,1985)和《华北地台中、上元古代生物地层序列》(朱士兴等,1994)等总结性成果。此外,还开展了以地球早期生命演化为主线的研究,罗其玲(1985)、阎玉忠(1982,1985,1989,1993)和孙淑芬(1985,1998,1999)等在蓟县及其邻区的长城系串岭沟组和常州沟组发现了世界上迄今最古老的单细胞真核浮游生物化石,杜汝霖、田立夫(1985,1986,1989)、朱士兴(1985,1987,1999,2000)、以及阎王忠、刘志礼等(1995,1997)在青白口系长龙山组(*Long fengshania* 为代表)、长城系高于庄组(以 *Grypania* 为代表)、团山子组(以 *Tuanshanzia* 为代表)和常州沟组(以 *Chuaria - Shouhshannia - Tawuia* 为代表)先后发现了当时世界上最古老的宏观多细胞藻类化石。

(2) 在同位素地质年代学研究方面,于荣炳、张学棋等(1984)发表了许多新的 K-Ar 年龄和部分 Pb-Pb 年龄数据;陆松年、李惠民、李怀坤等(1991,1995)在蓟县大红峪组和平谷团山子组分别获得了 16.25 亿年和 16.83 亿年的单颗粒锆石 U-Pb 年龄;王松山等(1993)在高于庄组、杨庄组和雾迷山组用燧石测得了一系列 Ar-Ar 年龄;高林志、张传恒、史晓颖、周洪瑞、王自强等(2007),在华北青白口系下马岭凝灰岩中用锆石 SHRIMP U-Pb 进行了定年;陆松年、李怀坤、相振群等(2010),对中国中元古代同位素地质年代学研究进展进行了评述,都大大提高了蓟县剖面地质年龄的丰度、精度和可信度。

(3) 在磁性地层学研究方面,1988 年林金录,1991 年张惠民、张文治等分别对蓟县剖面进行了较系统的古地磁研究,后者除给出了蓟县剖面各岩组沉积时的古纬度外,还提出了蓟县剖面视极移动路径和磁性地层表(张惠民,2000)。

(4) 在层序地层学研究方面,高林志、杨立公等(1996)、梅冥相等(1998)分别对蓟县和兴隆中、上元古界开展层序地层学的初步研究。之后(1997—1998),天津地质矿产研究所黄学光、朱士兴和贺玉贞等与河北省区调所承担的 1:25 万承德幅区域调查工作密切配合,较系统地开展了蓟县及其邻区中、上元古界层序地层学的研究,将蓟县剖面划分为 5 个一级层序,12 个二级层序,26 个三级层序,共 43 个层序,并在此基础上提出了蓟县剖面 5 分的新的划分意见,2010 年,高林志、丁孝忠、曹茜、张传恒等发表中国晚前寒武纪年表和年代地层序列。

(5) 在地球化学研究方面,秦正永等(1985,1991)在化学地层研究,刘宝泉等(1985)、解启来等(1999)在有机地球化学方面也都做了大量工作。

此外,李增慧等(1952)在常州沟组宇宙尘的研究对蓟县及其邻区中、上元古界的研究做了重要的补充。

自 2000 年第三届全国地层大会召开以来至今,中新元古界地层系统运用新的测试方法和对象开展了新一轮的同位素地质年代学的探索和研究,取得了令人瞩目的进展。根据高质量的同位素年龄数据,对标准剖面和邻区中新元古代地层年代格架进行了重新定义和修订。蓟县剖面是中国晚前寒武纪地层标准剖面,年代地层格架的深化对于地层精确划分和对比有着重要促进作用。新的锆石 U-Pb 年龄数据对于前寒武纪生物演化,特别是宏观藻类发育的时间研究也具有重要意义,有助于提升蓟县剖面成为国际地层对比标准剖面的地位。

自中华人民共和国成立以来,对蓟县及其邻区中、上元古界的多学科研究成果,根据目前初步统计各类论著已达 350 余篇。

主要参考文献

河北省区域地质矿产调查研究所. 承德市幅区域地质调查报告(1∶25万)[R]. 2000.
环水站, 地调所, 监测总站. 天津市环境质量报告书[R]. 1988—2012.
蓟县地质矿产资源管理局. 天津市蓟县砂矿矿山地质环境治理(一期)成果报告[R]. 2009.7.
全国地层委员会. 中国地层表(试用稿)[S]. 2012.9.
天津地调所. 天津市地质环境图集[M]. 2004.4.
天津地调所. 天津市地质环境图集[M]. 2004.4.
天津地矿所. 环渤海地区地下水资源与环境地质调查评价报告(上、下册)[R]. 2006.8.
天津地质处地质三队. 天津蓟县基岩水文地质普查报告[R]. 1979.7.
天津地质矿产研究所, 天津地矿局. 天津市第四系沉积结构与地下水赋存条件分析[R]. 1994.
天津环境保护局. 天津市环境质量图集[M]. 1986.
天津环境地研所. 矿泉水开发利用方案(2002, 2003, 2004)[R]. 2004
天津环境所. 天津市蓟县地区天然矿泉水资源勘查评价报告[R]. 2003.4.
天津局环水总站. 天津市地质灾害现状调查报告[R]. 1992.
天津市地调院, 河北省地调院. 天津市幅区域地质调查报告(1∶25万)[R]. 2005.12.
天津市地调院. 天津城市地质调查[M]. 2010.12.
天津市地调院. 天津蓟县山前采砂坑对生态环境影响调查评价报告[R]. 2005.6.
天津市地调院. 天津市基岩地质调查成果报告(1∶25万)[R]. 2009.12.
天津市地调院. 天津市矿产资源潜力评价[R]. 2012.12.
天津市地调院. 天津市矿山环境调查与评估[R]. 2006.10.
天津市地调院. 天津市松散沉积层地质结构调查成果报告(1∶25万)[R]. 2009.12.
天津市地矿局. 天津市矿产资源分布开发利用现状及远景规划(2000—2010)[R]. 1999.10.
天津市地矿局. 天津市矿产资源综合评价报告[R]. 1989.11.
天津市地矿局. 天津市区域矿产总结[R]. 1994.
天津市地矿局. 天津市引滦入津输水工程明渠施工工程地质报告[R]. 1983.1.
天津市地质调查研究所. 天津市水文地质环境地质图集及图系说明书[M]. 2004.8.
天津市地质调查研究院. 府君山景区地质遗迹保护[R]. 2007.
天津市地质调查研究院. 天津蓟县国家地质公园地质遗迹保护[R]. 2012.
天津市地质调查研究院. 天津蓟县国家地质公园地质遗迹调查研究报告[R]. 2003.
天津市地质调查研究院. 天津蓟县中上元古界国家级自然保护区地质遗迹调查与保护[R]. 2006.
天津市地质调查研究院. 天津市蓟县北部山区1∶5万地质灾害调查评价[R]. 2013.
天津市地质调查研究院. 天津市矿山环境调查与评估[R]. 2006.
天津市地质工程勘察院. 天津市工程地质结构调查成果报告[R]. 2009.4.
天津市地质环境监测总站. 天津蓟县国家地质公园地质遗迹调查与保护报告[R]. 2005.
天津市地质环境监测总站. 天津市蓟县矿山地质环境调查与监测[R]. 2010.3.
天津市地质矿产局. 天津市区域地质志[M]. 1992.3.
天津市地质矿产局. 天津市岩石地层[M]. 1996.7.
天津市地质矿产局. 中华人民共和国区域地质调查报告(平原)(1∶5万)[R]. 1995.
天津市地质矿产局. 中华人民共和国区域地质调查报告(山区)(1∶5万)[R]. 天津: 天津市地质矿产局. 1990.
天津市规划和国土资源局. 天津市矿产资源总体规划(2000—2010)[R]. 2003.3.
天津市国土资源和房屋管理局. 天津市矿产资源总体规划(2008—2015)[R]. 2009.5.
天津市国土资源和房屋管理局. 天津市矿山环境保护与治理规划(2006—2015)[R]. 2007.8.
天津市国土资源和房屋管理局. 天津市矿业权实地核查成果报告[R]. 2010.7.
天津市环境地质研究所. 蓟县城乡总体规划工程地质勘察[R]. 2007.12.
天津市环境监测总站. 天津市蓟县地质灾害调查与区划(1∶10万)[R]. 2003.
天津市勘察院. 天津市蓟县下营镇下营规划区总体规划勘察报告[R]. 2009.8.
天津市科委课题组. 天津市蓟县山区综合开发治理总体规划[R]. 1985.10.
天津市矿产队. 天津市蓟县北部山区矿产地质图说明书(1∶5万)[M]. 1984.9.